KB045113

중국의
보훈제도

중국의 보훈제도

: 중국 퇴역군인 안치제도

보훈교육연구원 기획
김영완 지음

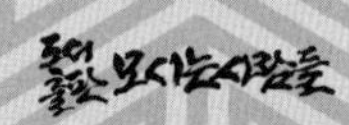

서문

군대는 피라미드식의 조직구조와 유동성을 갖는 집단으로 현역 복역을 마친 절대 다수의 중국군인은 '퇴역안치'를 받게 된다. 그런데 오랫동안 사회와 동떨어진 군대에서 전문적인 군사교육과 훈련을 마치고 사회에 돌아오면, 적합한 일자리 또는 기본적인 생활의 문제를 해결하기 위한 수입원을 찾기가 쉽지 않다. 그러므로 국가는 이들이 사회생활에 적응하여 기본적인 생활을 보장받을 수 있도록 합리적인 '안치'를 해 주어야 한다. 〈중화인민공화국 국방법〉(1997년 제정, 2020년 개정. 이하, 법률명칭 중 '중화인민공화국'은 '중국'으로 표기) 第64조는 "국가는 퇴역군인 보장제도를 수립하고 퇴역군인을 적절하게 안치하며, 퇴역군인의 합법적인 권익을 보호한다"고 규정하고 있다. 계속해서 동법 第65조는 다음과 같이 규정하고 있다. 즉, "국가와 사회는 상이군인을 무휼우대하며, 상이군인의 생활과 의료에 대하여 법에 따라 특별한 보장을 제공한다. 전쟁 또는 공무로 인하여 신체장애인이 되었거나 병에 걸린 상이군인이 현역을 퇴출하면, 현급 이상 인민 정부는 제때에 안치업무를 접수하여야 하고 아울러 현지의 평균 생활수준보다 낮지 않은 생활을 보장하여야 한다".

바로 위에서 우리에게는 약간 생소한 '안치', '퇴역군인' 및 '퇴역안치'라는 단어가 등장하였으므로, 이에 대하여 알아보도록 하자.

'보훈제도'를 중국에서는 '퇴역군인 안치제도'라고 부르고 있다. '안치'(安置)는 '안배하여 배치하다' '사람이나 사물을 어떤 위치에 놓다' '지위를 부여하여 배치하다' 등의 뜻이므로, 우리 나라에서 사용되고 있는 '보훈'과 동일한 의미로 이해하기는 어렵다. 사용되고 있는 용어만 다른 것이 아니라, 제도의 내용도 사뭇 다르다. '안치'와 '안치제도'라는 단어에서 유추해 볼 수 있듯이, 중국의 보훈제도는 일반적으로 군인이 제대하여 사회에 복귀하였을 때 사회에 적응할 수 있도록 직업훈련을 해주고 생활의 문제를 해결할 수 있도록 직장과 같은 수입원을 안배해 주는 것이 그 주요한 내용이라고 할 수 있다. 또한, 우리 나라에서는 군대를 제대한 군인을 주로 '제대군인'이라고 부르고 있으나, 중국에서는 '퇴역군인'이라는 용어가 사용되고 있다. '보훈제도'에 관한 중국의 모든 법률과 문서 및 관련 행정기관의 명칭까지 모두 '퇴역군인'이라는 표현이 사용되고 있는 것이다. 사실 '제대군인'과 '퇴역군인'은 같은 뜻이다.

우리나라에서는 '보훈제도'라는 매우 특수한 용어가 사용되고 있으나, 본서에서는 중국의 '퇴역군인 안치제도'라는 표현을 그대로 사용하여야 중국의 관련 제도와 정책을 더욱 정확하게 묘사할 수 있을 것으로 생각된다. 중국에서는 보훈제도에 관한 모든 법률과 정책문건, 중앙과 지방의 모든 관련 국가기관의 명칭, 그리고 학계와 업무의 현장에 이르기까지 '퇴역군인 안치제도'라는 용어가 사용되고 있으므로, 이 용어를 마음대로 바꾸는 것은 아무래도 무리가 있다. 예를 들면, 〈중국 퇴역사병 안치조례〉(2011), 〈중국병역법〉(2021), 〈중국 퇴역군인보장법〉(2021) 및 〈퇴역군인의 향촌진흥에의 투신을 촉진하는 것에 관한 지도의견〉(2021) 등의 법률명칭과 그 안에 있는 수많은 조문에 등장하는 '퇴역군인' '퇴역군인 안치제도' '퇴역군인 안치지역' 등을 모두 우리 식으로 '제대군인' '제대군인 안치제도' '제대군인 안치지역'으로 바꿀 수는 없는 것이다. 더 나아가서 중국 국무원에는 '퇴역군인사무부'(2018)가 설치되어 있는 데, 이러한 타국의 국가기관의 정식명칭까지 '제대군인사무부'로 바꾸어서 표기할 수는 없다. 그러므로 본서에서는 '보훈제도'를 사용해도 문맥상 크게 부자연스럽지 않은 경우에는 이 용어를 그대로 사용하도록 하겠지만, 가급적 '퇴역군인 안치제도'를 사용하여 중국 특유의 보훈제도의 내용을 있는 그대로 소개하고자 한다. 이와 같이 중국에서는 보훈제도를 '퇴역군인 안치제도'라고 부르고 있으니, 본서에서 중국의 '퇴역군인 안치제도'에 직접적으로 관련된 내용을 다룰 경우에는 '제대군인'도 가급적 '퇴역군인'으로 통일하여 사용하도록 하겠다.

본서의 특징은 다음과 같다.

첫째, 본서의 내용은 중국의 보훈제도 관련 법률과 국가정책을 기준으로 하였다. 본서를 집필하기 위하여 중국의 많은 문헌들을 읽으면서 느낀 점은 내용에 오류가 매우 많다는 것이었다. 퇴역군인안치의 방식의 경우에도 문헌마다 다르게 설명하고 있었고, 특정한 개념을 함유하고 있는 안치정책 관련 전문용어의 사용도 저자 사이에 일치하지 않는 경우도 있음을 발견하였다. 서술한 내용이 퇴역군인 안치제도의 실제적인 운용현황과 동떨어져 있는 경우도 많이 있었다. 특히, 중국의 각종 문헌에서 지적하고 있는 퇴역군인 안치제도의 문제점과 그 개선방안들도 중국정부가 이미 해결한 것들이 대부분이었다. 이와 같은 문제는 중국의 학자들이 퇴역군인 안치제도와 정책에 관하여 규정하고 있는 관련 법률과 법령의 내용을 제대로 파악하고 있지 않은 것에 기인하는 경우도 있다고 여겨진다. 중국정부의 정책을 정확히 알기 위해서는 그것이 문자의 형식으로 고정된 관련 법률과 법령의 내용을 살펴보아야 한다. 이러한 문제의식에 입각하여, 필자는 중국의 각종 문헌을 참고하면서도 이들 문헌의 내용이 정확한지의 여부를 확인하기 위하여 퇴역군인 안치제도에 관하여 규정하고 있는 각종 법률과 법규를 일일이 찾아보면서 대조·확인하는 작업을 게을리하지 않았다. 이와 같이 본서의 내용은 퇴역군인 안치제도에 관한 중국의 문헌을 참고하면서도 의심이 들 경우에는 관련 법률과 법규의 내용을 기준으로 삼아 수정하고 보완하여 집필내용의 완성도를 높이려고 노력하였다.

둘째, 중국 보훈제도의 전반을 이해할 수 있는 교과서의 역할을 하도록 체계적인 서술방식을 채택하였다. 이를 위하여 중국의 병역제도와 퇴역군인 안치제도의 개략적인 내용을 먼저 소개하고 중국 퇴역군인 안치제도의 복잡한 변천사를 필자의 기준에 따라 시기를 구분하여 체계적으로 서술하고자 노력하였다. 그리고 중국에서 제기되고 있는 퇴역군인 안치제도의 문제점과 개선방안에 대해서도 종합적으로 소개하였다. 우리 나라는 물론이고 퇴역군인 안치제도에 관하여 체계적으로 서술하고 있는 중국서적은 거의 없어서, 학술잡지나 국방관련 기관 및 대학교의 간행물에 수록된 논문을 주로 참고하였으나, 대다수가 퇴역군인 안치제도의 특정한 분야에 국한되어 있는 경우가 많았고 심지어는 퇴역군인 안치정책의 우월성의 칭송으로 일관하는 내용의 기사 및 논설도 적지 않았다. 이러한 상황에서 필자는 여러 문헌에 기록된 정보의 편린을 모아서 잘못된 정보의 조각은 배제하고 쓸만한 정보는 재배열함과 동시에, 관련 법률과 법령을 관련 정보가 정확한지 아닌지를 판단하는 기준으로 삼아 수정을 가하여, 독자가 중국 퇴역군인 안치제도의 내용의 전반을 체계적으로 이해하는 데 도움이 되는 교과서의 역할을 하도록 하였다. 나아가서 보훈제도의 이론에 대하여도 체계적으로 분석·소개함으로써 본서의 내용에 심도를 더하였다.

셋째, 중국 퇴역군인 안치제도에 관한 최신정보를 활용하도록 노력하였다. 앞에서 설명한 바와 같이, 퇴역군인 안치제도에 관한 중국의 문헌들이 가지고 있는 내용의 낙후성, 즉 최신정보에 의해 업데이트되지 않은 내용들은 최근에 발표된 법률과 법규의 내용을 기준으로 수정하는 작업을 거치면서 집필하였다. 최근, 중국은 퇴역군인 안치정책에 관한 법률의 개정과 제정작업에 박

차를 가하고 있다. 예를 들면, 2021년 1월과 10월에는 〈중국 퇴역군인보장법〉과 〈중국병역법〉이 각각 공포되었고, 2011년부터 적용되어 오던 〈중국 퇴역사병 안치조례〉는 2022년에 새로 공포될 〈중국 퇴역군인 안치조례〉에 의해 대체될 예정으로 있다. 필자는 이러한 최신법령의 내용까지 참고함으로써 본서에서 소개하고자 하는 내용의 오류를 최소화하고자 노력하였다. 특히, 2021년 1월 1일부터 시행된 〈중국 퇴역군인보장법〉은 이에 관한 독립적인 장을 할애하여 그 전반적인 내용을 소개하고 평가함으로써, 중국정부가 현재 실시하고 있는 퇴역군인 안치제도와 정책의 내용을 있는 그대로 이해할 수 있도록 하였다.

넷째, 중국 보훈제도의 내용을 소개하는 데 그치지 않고, 우리나라 보훈제도의 개선에 참고가 될 수 있도록 가능한 비판적인 시각에서 해설하였다. 중국 문헌에서 제기하고 있는 비판적인 평가는 이를 다시 한번 비판적으로 분석하는 과정을 거친 후 소개하였고, 필자 나름대로의 비판적 시각도 본문에 반영하였다. 비판적인 서술방식을 채택한 이유는, 이와 같은 비판이 오직 우리 나라의 보훈제도의 개선과 발전에 도움을 주고자 함임을 밝혀 두는 바이다.

마지막으로, 본서가 중국 보훈제도의 내용을 종합적으로 이해하는데 도움을 주는 지남이 되기를 바라며, 나아가서 우리 나라 보훈제도의 발전에도 조금이나마 도움이 되기를 바라는 바이다.

2022년 6월

차례

제1장

중국 보훈제도 개설

1. 중국의 병역제도

중국의 보훈제도(퇴역군인 안치제도)를 이해하기 위해서는 우선 중국의 병역제도에 대한 대략적인 이해가 필요하다. 병역제도는 보통 의무병역제, 지원병역제 및 혼합병역제 등으로 나뉜다. 〈중국헌법〉 제55조는 "법에 따라 병역을 복역하고 민병조직에 참가하는 것은 중화인민공화국 공민의 영광스러운 의무이다"라고 규정하고 있다. 그리고 〈중국병역법〉 제3조는 "중화인민공화국은 지원병역을 주체로 하고 지원병역과 의무병역을 결합한 병역제도를 실시한다"고 규정하고 있다. 이를 보면, 중국이 시행하고 있는 병역제도는 '혼합병역제'라고 할 수 있다. 중국에서 군대에 복역하는 방식에는 현역, 예비역, 민병 및 군대 밖의 군사훈련이라고 하는 네 가지가 있다.

2. 중국군대의 계급체계

중국의 퇴역군인 안치제도는 현역군인이 제대할 때의 계급에 따라 서로 다른 대우를 제공하기 때문에, 중국군대의 계급체계에 대하여 간단하게 알아볼 필요가 있다. 중국의 군대편제에서 가장 말단에 속하는 군계급은 '사병'(士兵)으로, 이에는 '열병'과 '상등병'이 있다.

다음으로 높은 계급은 '사관'(士官=군사)으로, '의무병'과 '군관' 계급 사이에 있는 직업군인 집단이다. 〈중국 퇴역사병 안치조례〉(2011)는 '사병'을 '의무병'과 '사관'으로 분류하고 있고, 〈중국병역법〉(2021)은 '사병'을 '의무병'과 '군사'(軍士)로 분류하여 규정하고 있다. 이 두 법률에 '의무병'은 변함없이 공통분모로 들어가 있지만, 〈중국 퇴역사병 안치조례〉에 규정되어 있던 '사관'은 〈중국병역법〉에서 '군사'로 바뀐 것을 알 수 있다. '사관'과 '군사'는 같은 의미이다. '신법 우선의 원칙'(lex posteria derogat priori)에 따라 해석하면, 〈중국 퇴역사병 안치조례〉(2011)보다 10년이나 나중에 제정된 〈중국병역법〉(2021)에 규정되어 있는 '군사'가 더 욱 정확한 명칭이라고 할 수 있다. 그런데 중국에서는 오랫동안 '사관'이라는 용어가 광범위하게 사용되어 왔기 때문에 중국인들에게도 '군사'는 아직 그다지 익숙한 명칭은 아니다. 요컨대, 현재 사용되고 있는 '군사'는 이전의 '사관'을 의미한다. 이 사관계급 중에서 가장 하위에 있는 계급은 하사이고, 그 위로는 중사, 상사, 4급군사장(軍士長), 3급군사장, 2급군사장 및 1급군사장이 있다.

'사관', 즉 '군사'는 현역 복역기간을 채운 의무병 중에서 선발하거나 군사학교를 졸업한 사관생도 중에서 임명한다. 또한 비군사부문에 종사하고 있더라도 전문적인 기능이 있는 중국국민의 경우에는 '군사'로 선발되기도 한다. '사관'의 현역 복역기간의 최고한도는 초급사관 6년, 중급사관 8년, 그리고 고급사관은 14년 이상이다.

'사관' 위로는 '소위'부터 시작하여 '중위', '상위'(우리 나라 군대의 '대위'에 해당)로 구성되는 '위관'(尉官) 계급이 있다. 그리고 이 '위관' 계급 위에는 '소령'(少校), '중령'(中校), '상교'(上校) 및 '대령'(大校)으로 구성되는 '영관' 계급이 있다. 우리 나라 군대의 계급체계와는 달리 중령과 대령 사이에 '상교'(上校) 계급이 설치되어 있는 점은 특기할 만하다.

중국의 군대계급 중 가장 상위에 있는 '장성급' 계급에는 소장, 중장, 상장이 있다. 앞으로 본문에서 자주 등장할 '군관'은 '소위' 이상의 계급을 가진 군인을 말한다.

〈표1〉 현행 중국의 군대계급

군관	장성급	상장 중장 소장
	영관급	대령(大校) 상교(上校) 중령(中校) 소령(少校)
	위관급	상위(=대위) 중위 소위
사관급 (군사)	고급사관	1급 군사장 2급 군사장 3급 군사장
	중급사관	4급 군사장 상사
	초급사관	중사 하사
사병		상등병 열병

한편, 현역 복역기간이 짧은 '의무병'은 중국군대의 직제에 들어와 있지 않지만, 퇴역의무병도 중국의 보훈정책에 의해 일정한 혜택을 받기 때문에 설명할 필요가 있다. '사병'에는 '의무병역제 사병'과 '지원병역제 사병'이 있는데 이 중에서 '의무병역제 사병'을 '의무병'이라고 한다. 의무병의 현역 복역기한은 2년이고, 군대에서 필요로 하고 또 본인도 원한다면 상부의 허가를 받아 '군사'가 될 수 있다(《중국병역법》 제25조, 제27조).

3. 중국 '퇴역군인 안치제도'의 기본 골격

앞의 '들어가는 말'에서 설명한 바와 같이 우리 나라의 '제대군인 보훈제도'에 해당하는 중국의 제도는 '퇴역군인 안치제도'이다. '퇴역군인'이란 중국인민해방군에서 법에 따라 현역을 그만둔 군관, 군사(軍士), 사병 및 의무병 등의 인원을 말한다. 사병(士兵)은 의무병역제의 사병과 지원병역제의 사병을 포함하며, '의무병역제 사병'을 '의무병'이라고 하고 '지원병역제 사병'을 '군사'라고 한다(〈중국병역법〉 제25조). 중국의 퇴역군인 안치제도에 관하여 앞으로 설명할 수많은 내용의 이해를 돕기 위해, 이 제도의 기본 골격과 현황을 간단하게 정리하도록 하겠다.

1) 안치의 대상

안치의 대상은 '현역을 제대한 군인', 즉 '퇴역군인'(=제대군인)이다. 그렇다고 해서 모든 퇴역군인이 안치제도의 혜택을 받는 것은 아니다. 예비역, 민병, 그리고 군대 밖에서 받은 군사훈련은 그 복역기간이 짧고 일상생활에 크게 영향을 주는 것도 아니기 때문에 일반적으로 안치의 대상이 아니다. 한편, 최근에 제정된 〈중국 퇴역군인보장법〉(2021) 제81조는 중국 인민무장경찰부대에서 법에 따라 현역을 마친 경관, 경사 및 의무병 등의 인원도 안치의 대상으로 규정하고 있으므로, 이들에 대해서도 계급에 따르는 안치를 해 주어야 한다.

2) 퇴역군인 안치업무 관리책임기관

현재 중국에서 보훈정책을 총괄하는 중앙정부의 행정 주체는 2018년에 설치된 '국무원 퇴역군인사무부'이고, 지방의 경우에는 '현급 이상 지방인민정부 퇴역군인공작 주관부문'이다.

참고로 '퇴역군인사무부'가 설립되기 직전에 보훈업무를 담당하던 중국의 정부기관은 다음과 같다. 즉, '중앙군사위원회 정치공작부'는 군직 이상의 퇴역간부의 서비스관리를 담당하였고, '중공중앙조직부'는 사단직 직업간부의 안치를, '인력자원과 사회보장부'는 정영(正营) 이하의 전업간부의 안치를, '민정부'는 퇴역사병, 군대 이직간부와 퇴직간부, 상이군인 등의 안치업무를 담당하였다. '군대 전업간부 안치공작 영도소조'도 있었는데, 이는 주로 국무원 군대전업판공실, 공안부, 총 후방지원부, 건설부, 민정부 등의 지도자들로 구성되어 있었다. 그리고 퇴역군인에 관한 일상적인 업무는 '인력자원과 사회보장부'가 조정하고 통솔하였었다.

3) 호적지 안치

퇴역군인의 안치에 관한 중국의 법률들은 모두 퇴역군인에 대하여 '호적지 안치'를 하도록 규정하고 있다. 군인이 입영할 당시에 속해 있던 '출신지역 안치'(=호적지 안치)가 원칙이고, '타 지역 안치'는 예외적으로만 인정된다. 즉, '군대에 입대하기 위해 출발했던 지역에 돌아가는' 출신지역 안치의 방식이 시행되고 있고, 타 지역 안치는 특별한 조건에 부합하는 경우에만 심사를 거쳐서 허락되는 것이다.

중국 공산당중앙, 국무원과 각급 당위원회, 정부는 퇴역군인의 보훈의 문제를 중요하게 생각하여, 건국 후에는 국가 정치경제의 발전에 따라 중국의 실정에 맞는 퇴역군인에 대한 기본적인 관리 방식을 만들어 냈다. 즉, 농촌호적을 가진 퇴역사병에 대하여는 그가 원래 징집되었던 호적지역의 인민정부가 군대로부터 안치업무를 이어받아, 농업생산활동 또는 기업생산활동 등을 할 수 있도록 일자리를 안배하고 있다. 그리고 성진(城鎭=도시와 읍)에 호적을 둔 퇴역사병, 퇴역사관 및 전업(轉業) 간부는 모두 상급 정부가 이들의 일자리를 안배한다. 중국은 이렇게 '군대에 입대할 때 살고 있었던 지역으로 돌아가서 생활하도록 하는 안치 방식'을 채택하고 있다. 퇴역군인의 취업, 생활, 의료 및 노후보장 등은 그가 소속된 호적지 지방 인민정부의 퇴역군인공작 주관부문이 승계하여 제공하고 있는 것이다.

그런데 여기에서 지적하지 않을 수 없는 것은 이러한 '호적지 안치'는 결국 군대 입대자가 많은 지방정부의 재정에 타격을 줄 수 있다는 점이다. 왜냐하면 군대 입대자들은 '호적지 안치 방식'에 의하여 제대 후 퇴역군인의 신분으로 다시 호적지에 돌아오게 되어 있으므로, 그 호적지의 지방정부가 이들 퇴역군인의 일자리를 안배해 주는 등의 안치업무를 위하여 지출해야 하는 '안치비용'도 증가할 수 밖에 없기 때문이다. 이와 같이, 군대로부터 퇴역군인의 안치업무를 인수한 지방정부가 퇴역군인을 안치하는데 필요한 경비를 지출해야 하는 구조이기 때문에, 징병이 많은 지방은 경제적인 부담도 가중되는 결과로 이어지게 된다. 국방을 위하여 공헌하는 젊은이들이 많은 지방, 즉 애국심이 높은 지방일수록 그 애국심의 대가로 짊어져야 하는 경제적인 책임도 가중되는 불균형의 문제가 있는 것이다.

4) 안치 방식='분류안치'

'분류안치'란 퇴역할 당시의 계급에 맞추어 안치 대우를 해주는 것으로, 중국의 퇴역군인 관리체제의 특징 중의 하나이다. 중국 퇴역군인의 주요한 안치 방식은 '취업안치'(일자리 안배)이지만, 퇴역군인들이 처해 있는 상황과 유형은 서로 다르기 때문에, 다양한 안치 방식이 사용되고 있다. 건국 초기에 중국은 퇴역군인의 안치를 '전업안치'(轉業安置)와 '복원안치'(復員安置)의 두 가지로 나누어서 관리하였다. 전업안치는 주로 퇴역군관의 안치 방식이고, 복원안치는 주로 퇴역사병에 대한 안치 방식이다. 중국의 퇴역군인들은 출신지와 현역 복역기간의 장단과 계급 등의 상황에 따라 서로 다른 안치의 혜택을 누리게 되지만, 확실한 것은 이들 다양한 안치 방식 중에서 일자리를 배정받는 '취업안치'가 비교적 중요한 위치에 있다는 것이다.

4. '안치'의 유형

안치의 일반적인 유형에는 '전업', '일자리 안배', '매월 수령하는 퇴역금', '퇴직', '공양', '자주적인 취업' 및 '복원' 등이 있다. 이들 명칭은 앞으로 설명할 '계급에 따른 안치의 내용' 및 본서의 많은 곳에서 자주 등장하기 때문에 설명할 필요가 있다.

1) 전업(轉業)

군관이 현역을 마치면 전업안치의 혜택을 받는다. 전업안치는 원래 퇴역군관을 위하여 마련된 비교적 특별한 안치 방식이다. 전업군관은 국가기관, 군단(群團)조직, 사업조직과 국유기업의 일자리를 배정받는 안치의 혜택을 받는다. 현역 복역기간이 12년 이상인 퇴역사관도 전업안치를 받는 경우가 있다.

2) 일자리 안배

현역 복역을 마친 '군사'와 '의무병'은 안치지역 인민정부가 일자리를 안배해 준다. '군사'의 경우에는 12년의 현역 복역기간을 채워야 한다. '퇴역군사'와 '퇴역의무병'은 주로 사업조직이나 국유기업에 일자리가 주어진다. 또한 조건에 부합할 경우에는 기층 정부의 당 기관 공무원으로 발탁되기도 한다. 이러한 일자리 안배는 안치지역 인민정부가 퇴역군사와 퇴역의무병을 접수한 후 6개월 이내에 완성해야 한다. 그리고 일자리에 취직원서를 제출한 퇴역군사나 퇴역의무병이 열사의 자녀이거나 고된 변경지역에서 5년 이상 현역에 복역한 경우에는, 다른 지원자와 같은 조건이라면 우선적으로 채용된다.

3) 매월 수령하는 퇴역금

퇴역군관과 퇴역군사가 법률이 정한 조건에 부합하면 매달 퇴역금을 받을 수 있다. 이렇게 매월 수령하는 퇴역금의 방식으로 생활을 보장해주는 것은 사회보장제도의 궤도에 접목시킨 안치 방식이라고 할 수 있다.

4) 퇴직

'군관'이 법에 규정된 현역 복무기간을 마치고 퇴역하면 매달 생활비를 수령하는 '퇴직안치'의 대우를 받을 수 있다. 퇴직안치를 받을 수 있는 조건은 다음과 같다. 즉, 현역을 퇴역한 '중급 이상의 군사'로서 연령이 만55세 이상이거나, 현역 복역기간이 30

년 이상이거나 또는 전쟁, 공무로 인하여 1급에서 6급의 상이군인 등급판정을 받은 경우에는 퇴직안치의 혜택을 받을 수 있게 된다.

5) 공양

'공양'은 생활에 곤란을 겪는 퇴역군인이 국가로부터 생활보조를 받는 것을 말한다. 공양에는 '집중공양'과 '분산공양'의 두 가지가 있다.

집중공양의 대상이 된 퇴역군인은 본인의 상해, 질병, 상이의 정도에 따라 안치지역의 지방인민정부로부터 일회성 안치보조금을 지급받는다. 상이군인을 위한 '무휼안치'의 경우에는 현급 지방 인민정부의 퇴역군인 사무부문이 법에 규정된 표준에 따라 '상이무휼금'을 지급한다. 관련 서비스 관리기구는 돌봄과 의료분야 등의 서비스를 보장해준다.

분산공양의 대상이 된 퇴역군인에게는 본인의 상해, 질병, 상이의 정도에 따라 일회성 안치보조금을 지급하고 현급 지방 인민정부의 퇴역군인 사무부문이 법에 규정된 표준에 따라 상이무휼금을 지급함과 동시에 돌봄에 필요한 비용과 주거의 보장을 해준다. 분산공양의 안치를 받은 퇴역군인이 집을 구입하거나 지을 때 소요되는 경비의 표준은 안치지역의 '정부에서 지원해 주는 경제성과 실용성을 두루 갖춘 사회보장 주택상품'의 평균가격과 60㎡의 건축면적을 기준으로 하여 결정된다. 정부에서 지원해 주는 경제성과 실용성을 두루 갖춘 사회보장 주택상품이 없는 지역에서는 일반 아파트가격을 기준으로 결정한다. 그리고 주택의 구매나 건설에 필요한 경비는 중앙정부의 재정으로 충당하고, 부족한 부분은 지방정부가 해결한다.

6) 자주적인 취업

매월 수령하는 퇴역금, 일자리 안배, 퇴직, 공양을 받을 조건에 부합하지 않는 '퇴역군사' 및 일자리 안배, 공양을 받을 조건에 부합하지 않는 '퇴역의무병'은 자주적인 취업의 방식으로 안치된다. 그리고 매월 수령하는 퇴역금, 일자리의 안배를 받을 조건에 부합하는 퇴역군사와 일자리 안배를 받을 조건에 부합하는 퇴역의무병의 경우에도 자주적인 취업의 안치 방식을 선택할 수 있다. 자주적으로 취업한 퇴역군사와 퇴역의무병은 현역 복역 햇수에 따라 '일회성의 퇴역금'을 받게 된다.

7) 복원(復員)

'복원안치'란 법이 정한 복역 햇수를 채운 '사병'이 퇴역한 후에 원래의 지역으로 돌아가 생산활동에 종사하는 것을 말한다. 이러한 퇴역군인을 '복원군인'이라고 한다. 현역 복역을 마치고 호적지에 돌아가 복원할 때가 가까워지면 군대에서 사상교육과 직업훈련을 받게 된다. 그리고 제대 시에는 복원수속을 밟아 '복원증'과 '생산보조금'을 수령하고, 호적지에 돌아가면 현지의 지방인민정부가 일자리를 안배해 준다. 한편, 현역을 퇴역한 '군관'의 경우에도 다음 중 하나에 속한다면 복원안치를 받게 된다.

1) 법이 정한 군관 복역기한을 채우지 못하였거나 현역 퇴출의 조치를 받은 경우.

2) 형사처벌을 받았고 '퇴직안치' 또는 매달 수령하는 '퇴역금안치'의 조건에 부합하지 않는 경우.

3) 법률, 법규에 복원안치를 하도록 규정한 기타의 상황.

위의 세 가지 상황 이외에 현역을 퇴역한 군관 본인이 복원안치의 대우를 신청한 경우에도 복원안치될 수 있다. 퇴역군관의 복원안치에 연령의 제한은 없다.

5. 계급에 따른 안치의 내용

앞에서 설명한 퇴역안치의 유형을 중국의 분류안치의 방식에 기초하여, 퇴역군인의 계급에 따라 달라지는 안치대우의 내용을 살펴보도록 하자.

1) 퇴역군관의 안치

앞에서 설명한 바와 같이 군관은 '소위' 이상의 계급을 가진 군인이므로, 퇴역군관은 '소위' 이상의 계급으로 퇴역한 군인을 말한다. 퇴역군관은 ① 퇴직, ② 전업(轉業), ③ 매월 수령하는 퇴역금, ④ 복원(復員) 등의 방식으로 보훈의 혜택을 누리게 된다. 연령이 높은 경우에는 매달 생활비를 수령하는 '퇴직안치'의 혜택을 받는다(〈중국병역법〉 제55조). 그리고 매월 퇴직금을 수령하는 방식으로 안치된 퇴역군관이 공무원에 채용되거나 사업조직에 초빙될 경우에는 채용된 다음 달부터 퇴역금의 지급이 중단된다.

2) 퇴역군사의 안치

'군사'(軍士)는 하사, 중사, 상사 등을 포함하는 사관급 군인으로, 지원병역제를 통하여 군인이 된 사병을 말한다. '군사'의 현역 복역기한은 일반적으로 30년을 초과하지 않으며, 55세가 넘으면 더 이상 복역할 수 없다(〈중국병역법〉 제27조). 앞에서 설명한 바와 같이, 이전에 사용되던 '사관'은 현재 '군사'로 바뀌었다. 즉, '사관'은 예전의 명칭이고 '군사'는 이의 새로운 명칭인 것이다.

현역을 마친 퇴역군사, 즉 사관급 퇴역군인은 ① 매월 수령하는 퇴역금, ② 자주적인 취업, ③ 일자리 안배, ④ 퇴직, ⑤ 공양 등의 방식으로 보훈의 혜택을 받게 된다. '군사'가 30년의 복역기한을 채우고 제대했거나 또는 만 55세에 달하면 '퇴직안치'를 받아 매달 생활비를 수령한다. 전쟁·공무·질병으로 인하여 상이군인이 되어 퇴역한 군사는 국가가 판정한 상이군인의 등급에 따라 일자리 안배, 퇴직, 공양 등의 방식으로 적절한 보훈의 혜택을 받게 된다.

일자리 안배의 안치조건에 부합하는 경우라도 퇴역군인 본인이 원한다면 자주적인 취업을 선택할 수 있다(〈중국병역법〉 제54조). 자주적인 취업이란 정부의 도움을 받아 스스로 취업을 하는 안치 방식으로, 우선은 정부로부터 일회성의 퇴역금을 수령하게 된다. 매월 퇴역금을 수령하는 방식으로 안치받은 퇴역군사가 공무원에 채용되거나 사업조직에 초빙되면 채용된 다음 달부터는 퇴역금의 지급이 중단된다. 공양의 방식으로 안치된 경우에는 국가로부터 생활에 필요한 물품을 평생 동안 제공받는다.

3) 퇴역의무병의 안치

앞에서 설명한 바와 같이 의무병역제 사병을 '의무병'이라고 한다. 의무병의 현역 복역기한은 2년이고, 군대에서 필요로 하고 또 본인도 원한다면 상부의 허가를 받아 '군사'가 될 수 있다(〈중국병역법〉 제25조, 제27조).

퇴역 의무병은 ① 자주적인 취업, ② 일자리안배, ③ 공양 등의 방식으로 보훈의 혜택을 받는다. 의무병이 현역을 퇴역한 후 자주적으로 취업을 한 경우에는 일회성의 퇴역금을 지급받게 되는데, 안치지역의 현급 이상 지방인민정부는 그를 받아들여서 현지의 상황에 맞추어 경제적인 지원을 할 수 있다. 특수한 공적을 세웠거나 열사의 자녀인 의무병은 안치지역의 현급 이상 지방인민정부가 일자리를 마련해주는 취업안치의 혜택을 누릴 수 있다. 그리고 일자리를 찾아주는 기간에는 현지 인민정부가 생활 보조비를 지급하며, 퇴역의무병 본인이 원한다면 일자리 안배의 안치혜택을 사양하고 자주적으로 취업해도 된다(〈중국병역법〉 제53조). 의무병과 현역 복역 햇수가 12년 미만인 사관이 현역을 그만두면, 인민정부가 자주적인 취업을 도와준다. 여태까지 일반적으로 농촌 출신의 퇴역의무병은 일회성 퇴역금을 받는 경우가 많았고, 도시 출신의 퇴역의무병은 인민정부의 주선으로 취업하는 경우가 많았던 것으로 보인다. 공양의 방식으로 안치된 경우에는 국가로부터 생활에 필요한 물품을 평생 동안 제공받는다.

아래에서는 비록 중국군대의 계급편제와는 무관하지만, '참전한 경력이 있는 퇴역군인 등의 안치', '상이군인의 안치' 및 '무휼우대안치'의 방식에 대하여도 간단히 설명하도록 하겠다.

4) 참전한 경력이 있는 퇴역군인 등의 안치

참전한 경력이 있는 퇴역군인, 작전부대의 사단·여단·영급 단위를 주관한 전업군관이 열사의 자녀에 속하거나, 모범을 보여 공을 세운 퇴역군인이거나, 장기간 고된 변방지역 또는 비행, 함정, 핵물질을 다루는 등 특수한 부대에서 현역을 복역하고 퇴역한 군인은 우선적으로 안치의 혜택을 받는다.

5) 상이군인의 안치

상이군인이 되었거나 만성병을 앓고 있는 군인이 현역을 제대하면 안치지역의 현급 이상 지방인민정부가 국무원, 중앙군사위원회의 관련규정에 따라 안치업무를 접수한다. 이중 에서 만성병을 가지고 있고 그 병이 재발하여 치료할 필요가 있는 경우에는 현지의 의료기관이 책임을 지고 치료한다. 본인의 생활이 곤란한 경우에는 의료비와 생활비를 국가의 관련 규정에 따라 보조해 준다(〈중국병역법〉 第65조). 한편, 현역 복역기간에 전쟁, 공무, 질병으로 인하여 장애인 등급판정을 받았거나 퇴역 후 장애인 등급으로 보충판정 또는 재차판정을 받은 상이 퇴역군인이 노동능력이 있고 또 취업의 의사가 있는 경우에는, 국가가 규정한 신체장애자의 취업 특혜정책을 우선적으로 향유한다(〈중국 퇴역군인보장법〉 第40조).

6) 무휼우대안치

무휼우대안치란, 열사의 가족·복원한 퇴역군인·상이군인 및 그 가족을 특별히 우대해 주는 안치제도이다. 중국에서는 일반적으로 '우무안치'(優撫安置)로 불리는데, '우무'(優撫)는 '우대와 무휼'의 준말이다. '우무'가 '우대와 무휼'의 준말이라면, 우리말로도 알기 쉽게 '우대무휼'이라고 풀어서 써도 되겠지만, 퇴역군인 안치에 관한 중국의 각종 법률에서는 '무휼우대'라는 용어가 많이 사용되고 있으므로, 본서에서는 법률용어에 준하여 '무휼우대'로 표기하고자 한다. 무휼우대안치의 내용에는 ① 무휼금, ② 우대금, ③ 보조금, ④ 군인 양로원시설의 입주, ⑤ 광영원(光榮院: 우대의 대상인 독거노인 퇴역군인을 위한 사회복지시설. 우리 말의 '영광'을 중국에서는 '광영'이라고 함)의 입주 등이 포함된다.

참전경력이 있는 퇴역군인, 노병, 퇴역한 상이군인 등은 양로, 의료, 산업재해, 실업문제 등의 해결에서 더욱 특별한 우대를 받는다. 군대병원, 공립병원에서 진료를 받을 경우 서비스와 비용의 면에서 우대를 받으며, 현급 인민정부의 퇴역군인공작 주관부문으로부터 상이등급에 따른 무휼금을 받는다.

6. 직업훈련교육제도

시장경제에서 직업의 전환은 노동력의 자유로운 이동의 구체적인 표현방식으로, 일반적으로 이에는 전환을 위한 비용이 발생한다. 이 비용에는 새로운 일자리를 얻고 적응하기 위해 받는 교육 비용이나 독학을 위한 서적 구입 비용 등이 있는데, 이는 '인력자본의 재투자'라고 할 수 있다. 일반적으로 이러한 직업전환을 위한 비용은 사업조직보다도 구직자 본인이 부담하는 경우가 많다.

군사직업의 기능은 비군사적 직업과는 다른 특수성이 있다. 퇴역군인들은 장기간에 걸쳐 국방건설을 위하여 희생한 특수한 집단이다. 그러므로 퇴역한 후에는 교육과 학습, 취업 등에서 같은 연령대의 다른 사람들에 비하여 불리한 입장에 있을 수밖에 없다. 그리하여 군인이 군사직업에서 비군사적인 직업으로 전환할 때 투자해야 할 인력자본과 직업전환을 위한 비용은 일반인의 경우보다 더욱 많이 소요된다. 일반적으로 사회의 노동자는 같거나 비슷한 업종으로 이동하여 직업을 바꾸므로 선택의 폭이 비교적 넓다. 그러나 군인의 직업전환은 전혀 다른 분야로의 전환이기 때문에, 선택의 폭이 좁고 비용도 더 많이 들게 된다. 이

전에 군사직업을 선택했다는 사실 하나 때문에 퇴역군인은 취업 활동에 매우 소극적인 태도를 가지게 될 수도 있다. 그렇다면 특수한 방식으로 이를 보충해 주는 것이 이치에 맞는다.

이러한 현실에 입각하여 중국에서는 군인이 현역을 마칠 때가 되면 우선 군대가 조직한 교육훈련을 받도록 하고 있다. 그리고 퇴역한 후에는 퇴역군인공작 주관부문과 기타 퇴역군인 안치공작을 책임지는 부문이 퇴직군인들이 사회에 적응할 수 있도록 직업훈련교육을 조직하여 실시하고 있다. 구체적으로는 새로운 일자리를 배정받기 전에 현급 이상 인민정부 퇴역군인공작 주관부문이 직업훈련교육을 조직하여 전문적인 교육을 실시하는데, 경우에 따라서는 고등교육기관이나 관련 직업훈련기구에서 전문적인 교육훈련을 받을 수 있도록 하고 있다. 조건에 부합하는 퇴역군인은 직업훈련 교육기간에도 앞으로 일할 직장으로부터 각종 대우를 받을 수 있고, 직업기능훈련 보조금을 수령할 수 있다.

퇴역군인이 고등교육기관에 입학하거나 복학할 때에는 다음과 같은 우대정책의 혜택을 받는다. 즉, 고등교육기관의 경우 퇴역군인을 위하여 별도의 입학시험을 실시하고, 대학생 사병이 복학 시 전공을 바꾸고자 하는 경우 이에 대한 제한을 풀어주며, 석사과정에 진학할 경우에는 정책적인 우대와 학비감면을 해 주고, 조건에 부합할 경우 학교의 장학금이나 국가의 교육지원금을 받을 수 있도록 배려한다.

한편, 중국 국무원 퇴역군인사무부는 12개의 군사부문과 함께 발표한 〈신시대 퇴역군인 취업과 창업 공작을 촉진하는 것에 관한 의견〉(2018)에서 퇴역 전 기능훈련을 전개하고, 퇴역 후 직업기능훈련을 강화하며, 평생직업 기능훈련을 추진하는 것 등에 관한 개선조치를 발표하였다. 조금 비판적인 시각에서 보충하자면, 앞으로는 더 나아가 퇴역군인 교육훈련에 관련된 정책법규를 통합하여 퇴역군인 교육훈련을 전문적으로 조정하고 규율하는 〈퇴역군인 교육훈련조례〉 및 이에 부수하는 세부규칙을 만들면 좋을 것이다. 여기에는 교육조직의 지도, 임무의 분업, 목표와 내용, 평가방법 등 관련 규정을 두어, 퇴역군인이 법에 따라 교육훈련을 받을 수 있도록 하여야 할 것이다. 현재 지방정부 차원에서 제정된 퇴역군인을 위한 교육과 훈련에 관한 실시규칙은 있으나, 국가차원에서 제정된 것은 아직 없다. 지방정부에 의해 제정된 예로는 운남성이 제정한 〈운남성 퇴역군인 교육훈련 실시판법〉(2020)이 있다. 요컨대, 전국에 있는 퇴역군인이 교육과 훈련을 받아 취업에 도움이 될 수 있도록 중앙정부의 차원에서 가급적 빨리 〈퇴역군인 교육훈련조례〉를 제정하면 좋을 것이다.

하나 더 지적하자면 군대에서 발급한 직업자격증서와 사회에서 발급한 직업자격증서를 상호인정해 주는 메커니즘이 만들어지면 더욱 좋지 않을까 생각한다. 지방정부가 퇴역군인이 복역기간 중에 취득한 각종 직업기능 등급증서를 인정해준다면, 퇴역군인이 그 지역에서 취업하는데 조금이라도 더 유리하게 작용할 것이다.

7. 퇴역군인 대우보장제도

'퇴역군인 대우보장제도'란 군인이 퇴역할 때와 퇴역한 후에 향유하도록 하는 경제적인 대우를 말한다. 현행 퇴역군인 대우제도는 과거의 전쟁 시기에 형성된 것을 바탕으로 만들어졌는데, 수십년 동안 개선해 오면서 상대적으로 독립된 체계를 갖추게 되었다.

1) 대우의 구성

퇴역군인에 대한 경제대우는 '일회성 경제대우'와 '정기적인 경제대우'로 나눌 수 있다.

'일회성 경제대우'는 군인이 퇴역할 때 수령하는 일회성 경제보상으로, 퇴역의 방식에 따라 '전업비', '복원비', '퇴직금', '퇴역비' 등의 네 가지로 구분된다. 이들은 다시 '정착 보조금', '생활보조금', '타지정착 교통비', '주택 보조금', '군인 퇴역의료 및 연금보험비' 등의 세부항목으로 구성되어 있다. 일반적으로 퇴역 후 받는 대우의 계산방식과 수준은 퇴역 시의 계급에 따라 달라진다. 그리고 퇴역군인이 향유하는 경제대우는 현재 현역에 재직 중에 있는 같은 계급의 군인의 그것과 큰 차이가 없다. 즉, 퇴역 후에도 같은 직급에 있는 현역군인의 월급과 거의 비슷한 수준의 연금을 수령하게 되는 것이다. 복원한 군인이 받는 일회성 경제보상은 전업군인이 받는 보상금액보다 높다. 그리고 자주적으로 직업을 선택한 전업간부는 매월 퇴역금을 수령하지만, 복원한 군인은 이러한 대우를 향유하지 못한다. 한편, 의무병은 비교적 짧은 복역기간 동안 국방의 의무를 다할 뿐이므로 퇴역 시에는 비교적 적은 액수의 퇴역비를 수령할 뿐이다.

'정기적인 경제대우'는 퇴직군인이 퇴역한 후에 매월 향유하는 경제대우인데, 이에는 퇴직군인이 매월 수령하는 퇴직금과 자주적으로 직업선택을 한 군인이 매월 수령하는 퇴역금 등이 있다.

2) 일자리 안배

'퇴직군관'의 정치적인 대우는 안치지역 국가기관의 상응하는 직급의 퇴직 공무원의 대우규정에 맞추어 보장된다. 일자리를 안배 받은 '퇴역군사'와 '퇴역의무병'의 월급대우는 안치지역의 직장에서 같은 조건에 있는 직원이 받는 것과 비슷한 수준의 대우를 받게 된다. 일자리를 안배하는 기간에는 안치지역 인민정부가 현지의 최저 월급수준에 맞추어 생활보조금을 지급해야 하고, 안치지역의 직장은 소개서를 받은 때로부터 30일 이내에 일자리를 마련해주어야 한다. 만약 퇴역군사와 퇴역의무병 본인의 잘못은 없는데 직장을 제때에 안배 받지 못한 경우에는 소개서를 받은 달로부터 일을 시작할 때까지의 기간 동안 이들과 같은 조건을 가진 동급 직원의 평균 월급의 80% 수준의 생활비를 지급하여야 한다.

3) 주택지원

퇴역군사와 퇴역의무병이 '보장형 주택'의 입주와 '노후한 농촌주택의 개조'를 신청한 경우, 다른 신청자들과 같은 조건에 있다면 우선적으로 안배해 준다. 주거우대안치의 조건에 부합하면 '부동산 시장에서의 주택구매'와 '군대·지방정부의 집중종합건설'을 결합한 방식으로 주택을 배정해 준다.

전술한 바와 같이, 분산공양의 안치를 받은 퇴역군사와 퇴역의무병이 주택을 구입하거나 건축할 때 드는 비용의 표준은 안치지역의 '정부에서 지원해 주는 경제성과 실용성을 두루 갖춘 사회보장 주택상품'의 평균가격과 60㎡의 건축면적을 기준으로 경비를 확정한다.

현역군인은 복역기간에 주택보조금을 지급받는다. 그리고 현역 복역시에 가입한 주택공동적립금은 안치지역에 이관되는데, 본인이 필요할 때 이를 지급해 준다.

8. 퇴역군인 보험제도

1) 사회보험

군인의 보험관계와 이와 관련한 자금은 안치지역의 '사회보험 관리기구'와 '의료보장 관리기구'에 이관된다. 퇴역군인은 계속하여 사회보험에 가입하여 사회보험료를 납입함으로써 사회보험의 대우를 향유하게 된다. 그리고 퇴역군인이 현역에 복역한 기간은 사회보험료를 납입한 기간으로 간주되어 산입된다. 또한, 퇴역군인의 근무지를 따라다니며 함께 생활한 가족 구성원이 이미 사회보험에 가입하고 있다면, 그 사회보험관계와 관련 자금도 사회보험 관리기구 및 의료보장 관리기구가 관리한다. 아직 사회보험에 가입하지 않은 경우에는 안치지역의 현지 사회보험에 가입하도록 하고 있다.

2) 양로보험

퇴역군인이 안치지역에 가면 '양로보험'에 가입하게 되는데 이는 기본 양로보험관계와 직업연금의 혜택으로 이어진다. '군사'와 '의무병'이 일자리 안배를 기다리는 동안에는 안치지역의 성진(城鎭: '도시와 읍') 지역의 '직공 기본양로보험'에 가입하여 그에 따른 대우를 받게 되는데, 직장과 개인이 납입하는 비용은 안치지역 인민정부의 동급 재정부문이 안배한다.

3) 의료보험

'국가기관', '집단조직', '기업 및 사업조직'의 일자리를 배정받은 퇴역군인은 '직공 기본의료보험'에 들어 그에 따른 혜택을 받게 된다. 퇴역군사와 퇴역의무병이 일자리의 배정을 기다리는 기간에는 '직공 기본의료보험'에 가입하여 그의 혜택을 받게 되는데, 직장이 납부하여야 할 비용은 안치지역의 인민정부가 납입하고 개인이 납부하여야 할 비용은 개인이 부담한다.

복원한 군관, 자주적으로 취업한 퇴역군사 및 퇴역의무병은 '직공 기본의료보험' 또는 '도시와 농촌주민 기본의료보험'에 가입하게 된다.

퇴직군인, 즉 퇴직안치의 혜택을 받는 퇴역군인의 경우에는 조금 더 나은 대우를 받는다. 즉, 군대에서 정년을 마치고 퇴역한 퇴직군인에 대하여는 안치지역의 인민정부가 의료보험에 가입시켜 '의료비보조'를 해 주는데, 안치지역의 국가기관에서 이 퇴직군인과 같은 직급으로 퇴직한 공무원이 누리는 의료대우에 상응하는 대우를 누리게 해준다.

4) 실업보험

군인이 현역을 마치고 사회에 나왔는데 제때에 취업을 하지 못한 경우에는 '호적 소재지'의 '실업보험관리기구'에 신청하여 '실업보험금'을 수령할 수 있다. 현역에 복역한 기간은 보험료를 납입한 기간으로 간주된다. 다만, 퇴직이나 공양의 방식으로 안치된 퇴역군인은 이에 해당하지 않는다.

제2장

중국 보훈제도의 이론

1. 보훈제도 이론의 중요성

제도를 뒷받침해 주는 이론적 기초가 건실하면, 그 제도는 정당성을 갖게 된다. 이것은 인류가 이성적으로 법률제도를 구축하는 과정에서 나타난 자각의 표현이다. 이론적으로 모두를 설복할 수 있다면 그 제도는 국민들에 의해 합리적인 것으로 받아들여질 것이다. 이와 같은 관점에서 출발하여 제대군인의 보훈제도를 이해하기 위해서는 다음과 같은 몇 가지 기본적인 문제를 설명할 수 있어야 한다. 첫째, 제대군인에 대한 보훈제도는 왜 필요한가? 둘째, 보훈의 목적은 무엇인가? 셋째, 보훈제도를 시행하는 주체는 누구인가? 넷째, 보훈의 객체(대상)는 누구인가? 다섯째, 어떠한 방식으로 보훈을 하여야 하는가? 이러한 문제에 대하여 이론적으로 설명할 수 없다면 제대로 된 보훈제도를 정립하고 실시하기는 어려울 것이다. 이는 중국에 국한된 문제가 아니라 어느 나라에나 다 해당되는 문제이다.

이와 같이 보훈제도의 수립과 운용은 이론의 연구가 뒷받침되어야 한다. 보훈이론은 보훈제도에 대한 평가의 상위 기준으로 작용하고, 현행 보훈제도의 문제를 풀어줄 '비밀번호'와 같은 역할을 하므로, 보훈제도에 대한 이론적인 분석을 소홀히 할 수는 없는 것이다. 중국에서는 미국, 독일, 일본, 러시아, 프랑스 등의 보훈제도에 대한 연구가 상당 부분 이루어진 상황이다. 다만, 중국에서 보훈제도에 대한 학술적인 연구는 주로 군 내부에 국한되어 있는데, 군대의 기율은 군 내부의 학자들이 자유롭게 심도 있는 이론 분석을 하도록 허용하고 있지 않다는 현실적인 한계는 있다.

2. 퇴역군인에 대한 보상의 이론적 분석

퇴역군인에 대한 보훈은 공법의 문제에 속하는 것으로, 이는 퇴역군인이라고 하는 특수한 집단에 대하여 국가가 어떠한 방식으로 보상을 해 주어야 할 것인가의 문제로 귀결된다. 중국의 행정법에서 볼 때 '국가보상'이란 '징수'(국가가 공공이익의 필요에 의해 국민의 재산소유권을 취득하고 법률의 규정에 따라 적당한 보상을 해

주는 행정행위)나 '징용'(국가가 법률의 규정에 따라 국민의 토지와 같은 재산을 수용하여 공용의 목적으로 사용하는 것)에 관한 법률관계에서 어떻게 보상할 것인가의 문제이다. 징수 및 징용과 마찬가지로, 군인을 징집하여 군대에 보내는 징병도 국가의 강제력에 의한 행위이다. 즉, 군인의 징병에 관한 법률관계도 징수 또는 징용의 그것과 유사하여, 양자는 선택의 정도와 객체(대상이 물건이냐 사람이냐)가 다른 것 말고는 질적인 차이가 없는 것이다.

우리 나라 정부가 공익사업이나 기타 복리의 목적으로 사인 소유의 토지와 같은 특정한 재산권을 법률에 근거하여 보상하고 강제적으로 취득하는 '공공수용'(=징수)나, 현재에는 잘 사용되지 않는 용어이지만 '국가수용'(=징용)을 떠올리면, 우리에게 생소할 수도 있는 징수나 징용의 의미를 더욱 쉽게 이해할 수 있을 것이다. 징병에 관한 이론은, 어느 정도는 공공수용과 같은 국가의 강제적인 행위에 대한 '국가보상의 이론'을 참고하여 적당한 수정과 보완을 가하여 정립할 수 있는 것이다. '징병'에 관한 학설에는 다음과 같은 것들이 있다.

1) 학설

(1) 특별희생설+격려설

'특별희생설'은 19세기 말 독일 행정법학계의 거장 오토 마이어(Otto Mayer)가 세창한 학설이다. 이 이론에 의하면 국민의 신체의 권리와 재산권의 행사는 사회적인 성격을 띠고 있어서, 국가에 의해 이를 제한 또는 박탈당할 경우 국민은 사회적 존재로서 이를 받아들여 용인하여야 한다고 한다. 그런데 이러한 사회적인 성격이 그 행위의 공공목적성을 증명할 뿐이고 국민의 재산권 등의 권익에 대한 침해는 개별적인 사안에 해당한다면, 그 국민이 입은 손실은 '특별한 희생'이 된다. 그렇다면 공공이익의 대표자인 국가는 반드시 합리적인 보상을 통하여 이러한 특별한 희생을 보완해 주어야 한다. 다시 말하자면, 행정상의 손실보상제도의 법적 성격은 '공익에서 비롯된 특별한 희생'이고, 이를 해결하기 위하여 국가는 입법의 형식으로 국민에게 보상을 함으로써, 헌법이 보장하는 국민의 평등한 권리를 보장해주어야 한다. 역으로, 국민이 입은 손실이 특별한 희생에 해당되지 않는다면, 국민은 국가에 대하여 손실보상을 청구할 권리가 없게 된다.

이 학설은 앞에서 제기한 기본적인 문제에 어느 정도는 개괄적으로 답해 주고 있다. 즉, 퇴역군인에 대하여 보훈을 해 주어야 하는 이유는 국민의 권리를 평등하게 보호해야 함에 있고, 보훈의 목적은 퇴역군인의 특별한 희생 또는 손실을 보충해 주기 위한 것이다. 그리고 보상의 주체는 국가 또는 정부이고, 보상의 객체는 당연히 퇴역군인이다. 현대사회에서 특별한 희생에 대한 보상은 주로 금전의 방식으로 하는 것(=금전보상)이 가장 간편하고 합리적인 방법일 것이다.

그런데 일반적으로 퇴역군인에 대한 보훈의 범위는 일반 행정보상의 범위보다 넓다. 군인의 복역에 관한 법률관계와 일반적인 '공공수용'의 법률관계는 동일하지만, 그 형성과정은 다르다. 공익을 목적으로 사인의 재산권을 취득하는 공공수용의 법률관계는 국가의 수용행위와 그에 동의하는 사인 간의 매매계약 등에 의하여 일회성 사건으로 종료하므로 일반적으로 지속성이 없다. 이와는 달리 군인의 군대 복역에 관한 법률관계는 일정한 기간 동안 국방의 의무를 이행하는 것을 전제로 하고 있으므로 지속성이 있다. 일국의 국방건설을 위하여 항상 필요한 것이다. 그러므로 퇴역군인에 대한 보훈은 이들의 특별한 희생에 대한 보상이라는 기능 이외에도, 국민이 국가를 위하여 복역하거나 복역기간을 연장한 공로에 대하여 격려해 주는 기능도 있다고 할 수 있다.

(2) 공평부담설+격려설

'공평부담설'(=공공부담 평등설)은 프랑스에서 제기된 이론이다. 이 이론에 따르면 정부의 활동은 '공공의 이익'을 위해서 하게 되는데, 그 목적은 사회에 '공공재'(公共財: 도로, 항만, 공원 등과 같이 공중(公衆)이 공동으로 사용하는 물건이나 시설을 말함)를 제공하는 데 있다고 한다. 그리고 그 제공된 공공재의 수익자는 사회 전체의 구성원이다. 그리하여 그 제공된 공공재의 비용은 사회 전체의 구성원이 균분하여 부담해야 한다는 것이다.

특별희생설과 마찬가지로 이 학설도 헌법이 보장하는 권리의 평등한 보호와 밀접한 관계가 있다. 징병을 당한 사람이 국가를 위하여 행한 특별한 희생은 보상을 해 주어야 평형을 얻게 된다. 공평부담의 원칙은 평등원칙의 연장선상에 있다. 의심할 여지없이 군대는 일국의 국방의 목적을 실현한다는 공공의 이익을 위하여 존재하고, 군인이라고 하는 인적 자원은 정부가 제공하고자 하는 공공재로서 특수한 비용이 들게 된다. 그렇다면 이 비용은 사회의 구성원이 공동으로 부담해야 하는 것이다.

이 학설에 따르면, 국가가 퇴역군인에게 보훈을 해 주어야 하는 이유는 '군대의 인적 자원'은 정부가 제공하는 국방 공공재의 '비용'이 되기 때문이고, 보훈의 목적은 군대의 인적 자원이라는 비용을 사회의 구성원이 공평하게 부담하도록 하기 위한 것이다. 그리고 보훈의 주체는 마땅히 정부이며, 보훈의 대상은 군대에 인적 자원을 제공한 퇴역군인이다. 보훈의 방식은 일반적으로 화폐의 형식으로 하는 것이 좋다. 왜냐하면 이론적으로 볼 때 비용으로서의 군대의 인적 자원은 모두 가격을 매길 수 있기 때문이다. 보훈의 금액은 주로 군대의 인적 자원에 대한 비용의 계산 및 일국의 국방을 위해 실제적으로 필요한 병력의 수에 달려 있다. 공평부담설은 특별희생설이 제시하는 논리와 서로 통하는 면이 많이 있다고 볼 수 있다.

3. 중국 퇴역군인 안치제도의 법적 성격

중국의 퇴역군인을 월급의 유무에 따라 크게 퇴역의무병과 퇴역군관으로 나누어 중국 퇴역군인 안치제도의 법적 성격을 분석해 보도록 하겠다. 퇴역의무병은 국가로부터 보수를 받지 않고 현역에 복역한 후 퇴역한 군인이고, 퇴역군관은 소위 이상의 계급으로 국가로부터 보수를 받으면서 현역에 복역한 후 퇴역한 군인이다.

1) 퇴역의무병에 대한 보훈

앞에서 설명한 바와 같이, 중국이 시행하고 있는 병역제도는 지원병역을 주체로 하고 지원병역과 의무병역을 결합한 병역제도, 즉 혼합병역제인데(《중국병역법》제3조) 의무병역제는 그 의미가 점점 퇴색하고 있다. 법에 따라 복역하는 것이 국민의 영광스러운 의무라고 한다면, 정부는 입대 적령기에 있는 청년들이 법이 정하고 있는 복역의 의무를 다하도록 독촉해야 할 것이다. 그렇지만 군입대 적령기에 있는 모든 청년이 복역의 의무를 다한다면 국방의 수요를 초월하게 되므로, 이를 무리하면서까지 관철하기도 어려운 노릇이다. 의무병제는 강제성을 띠고 있는 제도인데, 전시라면 몰라도 평화로운 시기가 오랫동안 지속되어 온 현재의 중국에서 이러한 강제력은 점점 힘을 잃어 가고 있는 것이다. 지금은 의무병으로서 병역의무를 수행하는 젊은이는 많지 않으며, 또한 이 병역의무를 다하지 않았다고 해서 법적인 책임을 지는 것도 아니다. 군대의 첨단과학화 및 직업화가 진행되고 있는 마당에, 국방의 수요를 초과하는 복역의 의무를 국민에게 강제하기는 어려운 것이 지금 중국의 현실이다.

의무병은 군관과 마찬가지로 부대에서 복역하지만 그 법적 신분은 다르다. 군관은 직업군인으로서 국가로부터 보수를 받는다. 복역기간도 길다. 이에 대하여 의무병은 병역에 복역해도 국가로부터 보수를 받지 않고, 오직 생활보조금만을 수령한다. 복역기간도 2년으로 상대적으로 짧다. 그런데 이와 같이 비록 의무병으로 군대에 복역하는 기간은 상대적으로 짧다고 해도, 이 기간에 지출한 특별한 희생이라고 하는 비용은 여전히 존재한다. 그리고 자원하여 현역에 복역한 지원병의 경우에도 특별한 희생이라고 하는 비용은 여전히 발생하게 된다. 그러므로 이러한 비용의 보상의 일환으로, 정부는 의무병과 지원병에 대하여 모두 보훈을 해주는 것이 타당하다. 전술한 바와 같이, 국가보상은 징수 및 징용, 즉 공공의 이익을 위하여 행하는 토지수용과 같은 공공수용의 법률관계와 유사한 성격을 띠고 있다. 의무병역의 법률관계도 징수 및 징용의 법률관계로 해석할 수 있다. 징수 및 징용과 징병은 서로 질적인 차이가 없으므로, 현역을 제대한 퇴역의무병에 대한 보훈의 성격도 '국가보상행위'로 보아야 한다.

요컨대, 퇴역의무병에 대한 보훈의 기능은 기본적 생존권을 보장하는 것이 아니라, 현역 복무기간 중에 행한 특수한 공헌에 대한 국가의 보상 또는 포상이라고 보아야 한다. 그러므로 퇴역 의무병에 대한 보훈의 이론적 기초는 특별희생설+격려설 또는 공평부담설+격려설이고, 그에 대한 보훈의 성격은 국가보상행위이다. 보상의 방식은 의무병이 군대 복역 시에 행한 특별한 희생을 고려하여 시장화 된 수단, 즉 금전지급의 방식을 그 주된 방식으로 하고, 금전보상의 액수는 시장의 변화에 맞추어 조정하여 지급하는 것이 타당할 것이다.

2) 퇴역군관에 대한 보훈

군관은 '중국인민해방군 현역군관'의 약칭으로, '소대급 이상의 직무 또는 초급 이상의 전문기술직무에 임명받고, 아울러 그에 상응하는 군 계급을 받은 현역군인'을 말한다(〈중국 현역군관법〉 제2조). 쉽게 말해서 소위 이상의 계급에 있는 군인을 군관이라고 한다. 군관은 국가 공작인원의 구성 부분이다(〈중국현역군관법〉제3조). 군관이 제대하면 대부분 신분이 '군대 전업간부'로 바뀐다. 군대 전업간부(轉業幹部)란 현역을 마치고 직업을 바꾸어 안치된 군관과 문관 간부로(〈중국군대 전업간부안치 잠정판법〉제2조), 당과 국가간부 대오의 구성부분이다(동법 제3조). 〈중국현역군관법〉에 규정되어 있는 군관의 선발조건 및 평가절차는 〈중국공무원법〉 상의 공무원의 선발 및 평가방식과 거의 비슷하다. 그러므로 '퇴역군관'에 대한 안치 문제는 '공무원제도'와 연계하여 고찰해야 한다.

군관은 고정적인 월급을 받으면서 현역에 복역하는 직업군인이다. 군관이 퇴역한다는 것은 국가의 군사 관련 법률규정과 군사적인 필요에 따라, 더 이상 군대기관에서 근무하지 않게 됨을 의미하지만, 퇴역 후에도 간부의 신분과 편제는 그대로 남아 있다. 이러한 점에서, 군관의 전업안치는 군사기관에서 다른 국가기관 또는 사업조직 등으로 소속을 바꾸는 것에 불과하다고 할 수 있다. 직급편제에 따라 횡적으로 이동하므로, 군관의 전업은 일종의 국가기관 내부에서의 업무조정이라고 할 수 있다. 물론 지방의 국가기관에 공석이 부족한 현실을 감안하여, 전업군관은 전업안치의 혜택을 포기하고 스스로 직업을 선택할 수도 있다. 그러나 퇴역군관이 자발적으로 다른 직업을 구하지 않는다면 국가가 그의 일자리를 마련해주어야 한다. 그리고 군관이나 문직간부가 전쟁, 공무로 인하여 불구가 되어 1급에서 6급의 신체장애인으로 판정 받거나, 질병의 치료기간이 끝난 후에도 기본적인 업무능력을 상실한 것으로 의학감정을 받으면, 퇴직안치를 받아 매달 생활비를 수령할 수 있다(〈부상·질병·상이군인 퇴역안치 규정〉 제5조).

이상에서 분석한 바와 같이, 퇴역군관에 대한 전업안치를 국가기관 내부의 업무조정이라고 본다면, 그 이론적 기초를 특별희생설+격려설 또는 공평부담설+격려설이라고 하면 안 될 것이다. 전역한 군관에 대한 보훈의 이론적 기초는 '공직자의 직무보장제도'에서 찾아야 한다. 공직자는 직무기간 동안 법률에 규정된 실직사유와 위법적인 범죄행위가 없다면, 공직자의 직무보장제도에 의하여 퇴직 시까지 계속 재직할 수 있다. 그 누구도 법적인 절차에 따르지 아니하고서는 그의 직위를 강등시키거나 해제할 수 없고, 복지대우에도 변동을 가져와서는 안 되는 것이다. 〈중국 현역군관법〉에는 군관의 직무보장제도에 관한 직접적인 규정은 없지만, 군관이 국가 공작인원의 구성부분임을 명확히 하고 있다(제3조).

요컨대, 국가로부터 보수를 받지 않으면서 현역에 복역한 후 제대한 퇴역의무병에 대한 보훈의 이론적 기초는 특별희생설+격려설 또는 공평부담설+격려설이고, 그에 대한 보훈의 법적 성격은 국가보상행위이다. 이에 대하여, 국가로부터 보수를 받으면서 현역에 복역한 후 제대한 퇴역군관에 대한 보훈의 이론적 기초는 공직자 직무보장설이고, 그에 대한 보훈의 법적 성격은 국가기관 내부에서의 업무조정이라고 할 수 있다.

4. 중국 퇴역군인 안치제도의 사회보장제도성

보훈제도는 사회보장제도에 해당하는가? 중국에서는 대체로 퇴역군인에 대한 생활보장을 '사회보장체계'의 틀 안에 넣어서 안치보장은 일종의 특수한 사회보장제도로, 그리고 무휼우대안치(優撫安置)는 사회보장체계 속에 들어가 있는 '특수한 강령'으로 보고 있었다. 보훈제도가 사회보장제도인지의 여부를 논하려면 우선 사회보장의 개념을 확정하고 나서, 그 안에 보훈제도가 포함되는지 여부를 확인해야 할 것이다. 중국의 사회학계와 법학계는 사회보장의 개념을 서로 다르게 정의하고 있다. 특히, 중국의 퇴역군인 안치제도에서 무휼우대안치만을 따로 사회보장제도의 구성부분으로 볼 것인가의 문제를 놓고 서로 다른 입장을 보여 왔다. 제1장에서 설명한 바와 같이 무휼우대안치란, 열사의 가족, 복원한 퇴역군인, 상이군인 및 그 가족을 특별히 우대해 주는 안치제도이다. 무휼우대안치의 내용에는 ① 무휼금, ② 우대금, ③ 보조금, ④ 군인 양로원시설의 입주, ⑤ 광용원의 입주 등이 포함된다.

중국 사회학계의 일반적인 견해에 따르면, 사회보장의 핵심적인 내용은 모든 사회 구성원의 기본적인 생활이 곤란하게 되었을 때 이를 보장해주는 것이라고 한다. 그러므로 퇴역군인이라고 하는 특수한 집단에 대한 무휼우대안치도 사회보장의 내용에 포함되는 것으로 보고 있다. 즉, 무휼우대안치는 사회보장행위이기 때문에 당연히 영리의 목적이 없는 복지의 성격을 띠고 있다. 무휼우대안치는 국가가 군인이라는 직업의 특수성을 고려하여 단독으로 군인에게 제공하는 특수한 제도적 배려이고, 그 목적은 군인이 현역 복역을 마친 후의 직업과 생활을 보장함에 있다. 무휼우대안치는 군대의 유지와 안정성의 확보, 국방건설의 보장을 위하여 반드시 필요한 제도로서 사회보장제도의 중요한 구성부분임과 동시에, 일반 사회보장제도와는 다른 특수한 보장성도 가지고 있다는 것이다.

이에 대하여, 중국의 법학자들은 일반적으로 '국민의 기본적인 생존권보장'의 각도에서 출발하여, 사회구성원이 질병, 상해 등으로 노동력을 상실하거나 자연재해로 인하여 생활이 곤란한 경우, 국가가 법에 따라 물질적인 원조를 제공하여 기본적인 생활 조건을 보장하는 것을 사회보장제도로 보고 있다. 이러한 관점에서 본다면 퇴역군인의 무휼우대안치는 사회보장의 개념 속에 들어가지 않게 된다. 퇴역군인 안치제도는 독립성이 강한 제도이기 때문에, 무휼우대안치를 사회보장체계의 일부분으로 보는 것은 옳지 않다는 것이다. 무휼우대안치를 사회보장체계의 구성부분으로 보지 않는 이상, 퇴역의무병을 포함한 모든 퇴역군인에 대한 다른 안치 방식의 사회보장성을 논하는 것은 아무런 의미가 없게 된다. 사회보장의 개념 및 기능과 모순된다고 보기 때문이다.

상기와 같은 학설의 대립은 중국정부에 의하여 사실상 종식되었다. 1985년 9월, 중국정부는 새로운 사회보장제도의 개념을 제기하면서, 통일적인 사회보장기구가 설립되어야 함을 강조하였다. 그리고 1993년 11월, 중국 공산당중앙은 〈사회주의 시장경제체제 수립에 있어서 약간의 문제에 관한 결의〉에서 처음으로 무휼우대안치를 사회보장체계 안에 집어넣어 관리할 것을 명확히 하였다. 그 후 2004년에 중국정부가 발표한 백서 〈중국의 사회보장 현황과 정책〉은 다음과 같이 언명하고 있다. 즉, "중국의 사회보장체계에는 사회보험, 사회복지, 무휼우대안치, 사회

구조와 주거보장 등이 포함된다." 이와 같이, 중국의 퇴역군인 안치 방법의 하나인 무휼우대안치는 중국의 사회보장체계 안에서 다루어지고 있음을 알 수 있다.

비록 사회학계와 법학계의 입장과 해석은 다를지라도, 중국정부의 공식적인 정책문서는 적어도 무휼우대안치만큼은 사회보장체계의 안에 넣어 분류하고 있다. 무휼우대안치의 내용과 방식은 기타의 퇴역군인 안치제도와는 다른 특수성이 있기 때문에, 중국정부는 이를 특별히 사회보장체계 속에 포함시켜 다루고 있다고 할 수 있을 것이다.

5. 공공수탁책임론

마지막으로 살펴보아야 할 보훈제도의 이론은 '공공수탁 책임론'이다. 수탁책임은 위탁대리관계에서 나온다. 위탁자는 수탁자에 대하여 필요한 통제와 관리를 할 권리가 있고, 수탁자는 위탁자의 이익을 우선으로 하여 행동하고 위탁자에게 이행상황을 보고할 의무가 있다. 퇴역군인 안치제도는 본질적으로 사회공중과 각급 정부 사이에서 발생하는 위탁과 수탁관계의 문제이다.

즉, 사회공중이 계약을 통하여 공공권력을 각급 정부에게 위탁하여, 각급 정부로 하여금 과학적이고 합리적인 방법으로 퇴역군인의 권리를 종합적으로 보장하도록 한 것이다.

공공수탁책임을 제대로 실행하기 위하여 정부는 사회공중의 기대와 요구에 맞게 퇴역군인을 위한 기구를 설치하고, 관련 정책법규를 제정하여 퇴역군인의 복지를 보장하고 관리하여야 한다. 그리고 사회공중에게 안치업무의 진척상황에 대하여 설명하고 보고하여야 한다. 이를 위하여 정부는 퇴역군인 안치업무에 쓰이는 재무정보를 공개하여야 하고, 회계감사를 통해 공공자원을 제대로 사용했는지에 대하여 사회로부터 검증을 받아야 할 것이다. 그런데 중국에는 퇴역군인 안치보장업무에 대한 공시제도와 회계감사제도가 아직 도입되어 있지 않아서, 정부의 수탁책임 이행상황을 유효하게 감독하는 것은 현실적으로 불가능하다.

이와 같이 퇴역군인에 대한 관리책임은 정부의 여러 부문이 공동으로 부담하는 수탁책임에 해당한다. 그런데 현실에서는 중앙에서 지방기구에 이르기까지 겹겹이 중첩된 수탁관계, 특히 서로 다른 층위의 기구 사이에서 다시 발생하는 대리관계가 증가함에 따라, 퇴역군인의 안치를 위한 제도상의 비용도 증가하고 있다. 그리고 관련 정부부문의 책임의 결여와 부패 문제도 존재한다. 비록 관련 정책법규들은 모두 퇴역군인 안치업무를 담당하는 기관이 조직적으로 관리와 감독을 할 것을 강조하고 있지만, 지도자급 간부의 임기에 변동이 생기거나 안치업무에 대한 실무자의 인식이 부족하면 안치관련 정책을 실현하는 데 장애로 작용할 수 있다.

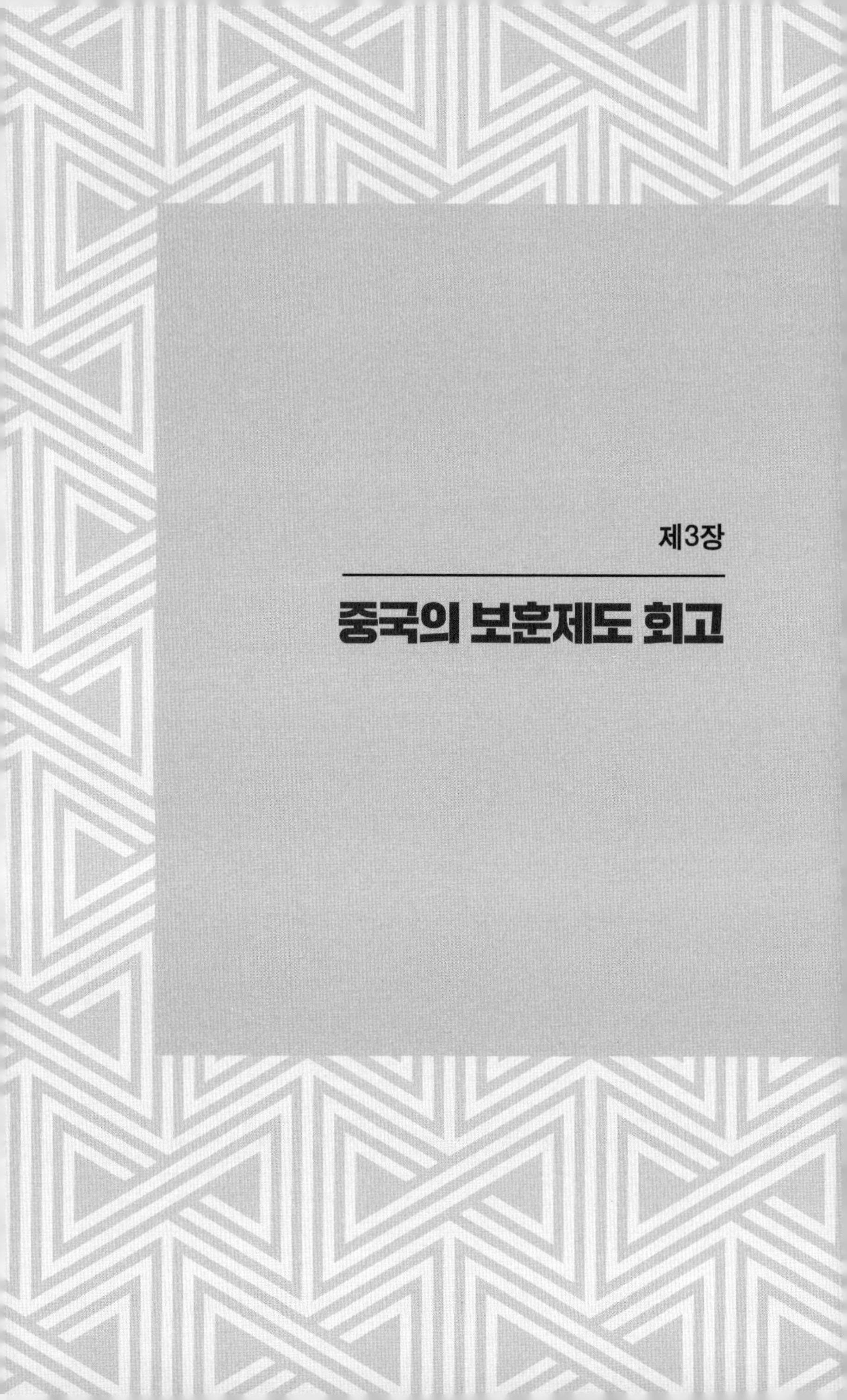

제3장

중국의 보훈제도 회고

이 장에서는 현대 중국 보훈제도의 역사, 즉 '신중국'(중화인민공화국) 정부가 수립된 이후의 퇴역군인 안치제도의 변화과정을 몇 단계로 나누어 살펴보도록 하자. 가장 간단한 시기구분 방법은 다음과 같다. ① 제1단계: 중화인민공화국이 성립된 1949년에서 문화대혁명이 발발한 1966년까지, ② 제2단계: 1966년에서 1976년까지의 문화대혁명 시기, ③ 제3단계: 개혁개방 정책이 채택된 1978년부터 퇴역군인사무부가 설립된 2018년까지, 그리고 ④ 제4단계: 2018년 이후.

또 하나의 방법은 중국 보훈제도의 역사를 10년씩 나누어서 살펴보는 것이다. 그런데 역사는 끊임없이 흘러가는 물과 같이 매우 유동적인 유기체이다. 더구나 수없이 많은 격동의 시기를 겪어 온 현대 중국의 보훈제도의 역사를 10년을 단위로 잘라서 고찰하기는 어렵다. 신중국 건국 초기에는 한국전쟁 참전(1950-1953), 대대적인 반대파 숙청(1955-1957), 대약진운동(1958-1960), 인민공사운동(1958-1983), 3년간의 자연재해와 대기근(1959-1961),

문화대혁명(1966-1976) 등 일련의 사건으로 중국의 국내정치는 파란의 소용돌이 속에 휘말려 들어갔다. 그리하여 퇴역군인에 대한 보훈활동에 의미 있는 진전이 있었다고 보기는 어렵다. 그러나 문화대혁명이 끝난 후 개혁개방 정책이 실시되고 나서부터는 각 국가기관의 활동이 점차로 자리를 잡아가게 되었다. 아무튼 격동의 시기인 중국정부 성립 초기의 보훈제도의 역사를 단순하게 10년씩 잘라서 설명하는 것은 불가능하다.

그런데 흥미로운 점은 개혁개방 정책이 실시되기 시작한 1978년 이후에는 10년을 주기로 하여 1988년, 1998년, 2008년 및 2018년에 각각 국무원의 기구개혁이 단행되었다는 것이다. 당연히 보훈정책 관련기구의 개혁도 뒤따랐다. 특히, 2018년 3월에 개최된 제13기 전국인민대표대회 제1차회의에서는 국무원 기구개혁방안이 통과되었는데, 이로써 민정부 및 인력자원부와 사회보장부, 중앙군사위원회 정치공작부와 중앙군사 후방보장부 사이의 관련 직능이 통합되었다. 그 결과, 국무원에 '퇴역군인사무부'가 설립되기에 이르렀다. 이와 같이 개혁개방 이후에는 10년을 주기로 하여 기구개혁이 단행되었으므로, 적어도 이 시기는 10년씩 잘라서 보훈제도의 변화를 살펴보는 것도 유의미하다고 생각한다.

위와 같은 시기구분을 염두에 두고, 이 장에서는 다음과 같은 순서로 중국 보훈제도의 역사를 설명하겠다.

첫째, 앞에서 설명한 4단계의 시기구분을 바탕으로 현재까지의 각 단계에서 나타난 중국 보훈제도의 특징을 짚어내고, 더욱 깊은 분석을 위하여 중국정부의 보훈정책 관련 기구들의 활동과 변화상을 중심으로 중국 보훈제도의 역사를 회고해 보도록 하겠다. 퇴역군인 사무관리와 관련한 기구로는 ① 퇴역군인 사무협조 영도기구, ② 퇴역군인사무 행정관리기구, ③ 퇴역군인사무 행정부문의 내부구조가 있으며, 이러한 기구들의 변화과정과 배경을 설명하겠다. 특히, 보훈정책 관련 기구들이 존속했던 기구 수명의 장단(長短)은 당시 중국정부의 보훈제도의 실행에 대한 '의지의 정도'를 확인할 수 있는 중요한 척도의 하나이므로, 이에 대한 비교와 설명도 함께 하겠다.

둘째, 위와 같은 방법으로 1949년부터 현재까지의 중국 보훈제도의 역사를 모두 살펴본 후, 개혁개방 정책이 실시된 이후의 시기는 10년씩 나눌 수 있다는 특성을 이용하여 다른 각도에서 다시 한번 고찰하고자 한다. 개혁개방 이후에는 퇴역군인의 복지보장사무를 담당하던 부서 사이에서 많은 교류가 있었다. 그러므로 분석의 초점을 중국의 각 보훈업무 관련 기구들의 활동과 협력 네트워크의 변화상에 맞추어 과학적으로 분석하고자 한다.

1. 중국 보훈제도 관련 기구의 발전과정

1) 퇴역군인 사무협조 영도기구의 변화과정

(1) 신중국 수립(1949)—문화대혁명 발생 전(1966)

신중국 정부가 수립된 1949년은 중국의 퇴역군인관리 보장체계에 변화가 생기기 시작된 기점이라고 할 수 있다. 중국은 미국, 일본, 소련, 영국 등의 보훈제도를 참고하여, 퇴역군인에 대한 생활비 제공, 교육우대, 의료 서비스 제공, 취업과 창업지원 등의 관리 서비스를 실시하기 시작하였다. 그리고 1950년 7월에는 전국 군인의 복원에 관한 업무를 재편성하기 위한 중앙복원위원회가 설립되었다. 1951년부터 1958년까지의 기간에는 전국 각지에서 복무 중이던 620여만 명의 군인이 퇴역하게 되었는데, 중앙복원위원회가 이들 퇴역군인을 위한 안치업무를 담당하였다. 이는 상설기구는 아니었지만, 신중국 최초로 설립된 퇴역군인 사무협조기구이다. 중앙복원위원회는 1년 반 뒤인 1951년 12

월에 그 수명을 다하였고, 해당 업무는 '중앙 전업건설위원회'에 의하여 계승되었다. 중앙 전업건설위원회는 중앙복원위원회보다는 오랫동안 활동하였지만, 8년을 채우지 못하고 1958년 6월에 폐지되었다. 이는 당시 '복원의 방식을 재편성하는' 프로젝트를 담당했던 이들 기구가 전시에서 평화 시기로 넘어가는 과도기에 비상설기구로 활동했음을 말해주고 있다. 중앙 전업건설위원회가 폐지된 후, 중국은 20년 가까이 퇴역군인 사무협조 영도기구를 두지 않았다.

새로운 정부의 수립과 더불어 대규모로 퇴역한 군인들을 위한 안치작업을 마친 1958년, 국무원은 지난 8년 동안의 경험을 바탕으로 〈중국병역법〉의 내용을 구체적으로 실행하기 위하여 〈의무병 퇴역대오의 처리에 관한 잠정규정〉, 〈군대간부의 현역퇴출에 관한 잠정판법〉 등을 제정하여, 퇴역군인의 안치 방식을 복원과 전업의 두 가지로 정하였다. 앞에서 설명한 바와 같이, 복원(復員)은 주로 농촌출신의 퇴역군인에 대한 안치 방식이고, 전업(轉業)은 주로 군관과 도시 출신의 퇴역군인을 위한 안치 방식이다.

(2) 문화대혁명 시기(1966-1976)

문화대혁명 기간에 퇴역군인 안치보장업무는 심각한 타격을 입었다. 1975년, 국무원과 중앙군사위원회는 퇴역하는 군인을 위하여 전업, 복원 및 퇴직의 세 가지 안치 방식을 채택하였다. 그러나 문화대혁명의 영향으로 많은 지역의 퇴역군인 안치업무는 제대로 실행되지 못하였고, 정체되거나 심지어는 업무활동과 기능이 아예 마비되는 현상까지 나타났다. 결국 당시 퇴역군인 안치업무를 주관하던 내무부는 폐지되었고, 그에 따라 전국 각급 인민정부에 설치되어 있던 퇴역군인 안치기구들도 제 역할을 하지 못하였다.

1976년, 중국 중앙군사위원회는 그해 6월에서 7월까지 확대회의를 열어, 과거에 '군대정원을 초과하여 편제되었던 간부'들을 안치하기로 결정하였다. 이러한 작업은 당시로부터 1년 전인 1975년을 기점으로 하여 3단계에 걸쳐 진행되었고, 이를 추진하기 위하여 '국무원 군대전업간부 안치공작소조'를 설립하였는데, 이는 퇴역군인 사무협조영도기구가 새롭게 확장·설립된 것이라고 할 수 있다.

(3) 개혁개방 이후(1978년 이후)

개혁개방을 전후로 하여 중국은 일련의 퇴역군인 안치보장정책을 발표하였다. 그 후 안치업무 관련기구와 부문들은 각종 정책과 실시방법을 발표하면서 어느 정도는 시스템을 갖춘 퇴역군인 안치보장 정책체계를 만들어 내기 시작하였다. 개혁개방 이후에는 퇴역군인 안치업무가 점점 제도화되어, 민정부가 복원안치를 책임지고 담당하게 되었고, 군관의 전업안치업무는 계속하여 국무원 군대전업간부 안치공작소조의 지도에 따라 실행되었다. 이와 보조를 맞추어 각 지방정부도 안치업무에 관한 일련의 조치와 정책을 만들어 냄으로써, 퇴역군인 안치에 관한 구상과 제도의 방향이 형성되기 시작하였다. 개혁개방 이후의 퇴역군인 사무협조영도체제는 문화대혁명 시기의 혼란을 수습하면서 다음과 같이 다원화되는 모습을 보여주었다.

국무원 쌍소조의 성립(1981)

첫째, 1981년에는 '국무원 퇴역군인과 군대 퇴직간부안치 영도소조'가 설립되었다. 이로써 바로 앞에서 설명한 국무원 군대전업간부 안치공작소조와 함께 국무원의 '쌍소조'가 퇴역군인사무를 조정하는 국면이 형성되었다. 이 국무원 퇴역군인과 군대 퇴직간부안치 영도소조는 1983년에 그 명칭이 국무원 퇴역군인과 군대 이직휴양간부 안치영도소조로 바뀌어 1998년까지 17년간 활동하였다. 17년 동안이나 활동한 것을 보면 당시 이 기구가 상설기구였고, 비교적 매우 안정적으로 운용되었음을 알 수 있다.

삼소조의 병존(1991-2018)

둘째, 1991년에는 '전국 군대를 옹호하고 혁명 군인가족을 우대하며, 정부를 옹호하고 인민을 사랑하는 공작영도소조'(全國擁軍優屬擁政愛民工作領導小組)가 설립되었다. 여기에서 '옹군우속'(擁軍優屬)이란 '군대를 옹호하고 혁명 군인가족을 우대하는 것'을 말하며, '옹정애민'(擁政愛民)이란 '정부를 옹호하고 인민을 사랑하는 것'을 말한다. 이 영도소조의 이름에는 '옹호'를 의미하는 '옹'(擁) 자가 '쌍'을 이루어 두개나 들어 있으므로, 중국에서는 간단하게 '전국 쌍옹공작 영도소조'('全國雙擁工作領導小組')라고 불린다. 이리하여, 퇴역군인 사무협조 영도체제는 앞에서 설명한 '쌍소조'와 전국 쌍옹공작 영도소조로 이루어진 '삼소조'가 병존하는 국면에 들어가게 되었다. 그리고 이 전국 쌍옹공작 영도소조는 2018년 국무원 퇴역군인사무부가 설립되기까지 17년 동안 활동을 이어갔다.

삼소조는 퇴역군인 사무에 관한 상설 의사협의기구이다. 한편, 중국 국무원 군대전업간부 공작소조는 1975년에 설립된 후 2018년 퇴역군인사무부가 조직될 때까지 43년 동안 유지되었다. 이 기간의 국무원 군대전업간부 공작소조 사무실의 행정 예속관계를 보면, 처음에는 국가인사국에 배치되어 있다가 노동인사부로 이전되었고, 그 후 다시 인사부(人事部)로 이전되었다가 또 다시 '인력자원과 사회보장부'(약칭: 人社部)로 이전되었다. 중국에서는 일반적으로 인력자원과 사회보장부를 줄여서 人社部(인사부)로 부르고 있다. 人社部(인사부)는 앞으로도 많이 등장하는 부서의 이름인데 중국정부의 또 다른 부서인 人事部(인사부)와 한글 발음이 동일하므로, 혼동을 피하기 위하여 명칭이 길더라도 원래대로 인력자원과 사회보장부로 표기하도록 하겠다. 국무원 군대전업간부 공작소조는 기구의 명칭과 기능에는 줄곧 변화가 없었다. 기구의 명칭과 기능에 아무런 변화 없이 43년간 유지된 사실에서, 국무원 군대전업간부 공작소조는 매우 안정적인 상설 기구였음을 알 수 있다.

퇴역사병 안치개혁협조 심화소조(2004)

한편, 퇴역군인 안치업무를 진행하는 과정에서 행정인력과 재원을 통합하는 능력의 부족 등과 같은 한계가 드러났다. 그리하여 2004년 6월에는 민정부와 총참모부의 인솔 하에, 퇴역사병 안치개혁협조 심화소조가 설립되었다. 이 '퇴역사병 안치개혁협조 심화소조'는 곧 바로 퇴역사병 안치제도 개혁방안의 연구에 착수하였는데, 퇴역군인 안치업무를 협조·영도하는 그룹은 아니었다. 그러므로 퇴역군인 사무협조영도기구를 새롭게 확장 설치한 것이라고 할 수는 없지만, 6년 뒤인 2010년에 설립된 전국 퇴역사병 안치공작 영도소조의 탄생을 위하여 기초를 닦는 역할은 하였다고 할 수 있다.

전국 퇴역사병 안치공작 영도소조(2010)

퇴역사병 안치업무의 협조영도체제를 강화하기 위하여, 2010년 10월에는 전국 퇴역사병 안치공작 영도소조가 설립되었다. 1998년에 폐지되었던 국무원 퇴역군인과 군대 퇴직간부안치 영도소조와는 달리, 전국 퇴역사병 안치공작 영도소조는 퇴직한 군대간부에 대한 안치업무는 관리하지 않았다. 안치관리업무의 영역이 국무원 퇴역군인과 군대 퇴직간부안치 영도소조의 그것과는 달랐으므로, 전국 퇴역사병 안치공작 영도소조의 설립은 퇴역군인 사무협조 영도체제에서 새로 증설된 기구라고 보아야 할 것이다.

2) 퇴역군인 사무행정 관리기구의 변화과정

(1) 신중국 수립(1949)—문화대혁명 이전(1966)

인사부와 내무부에 의한 관리

앞에서는 퇴역군인 사무협조 영도기구의 변화과정을 살펴보았는데, 여기에서는 퇴역군인 사무행정 관리기구의 변화과정을 살펴보도록 하겠다. 중화인민공화국이 수립될 당시 중국의 공산당정부는 전에 혁명근거지와 해방지역에서 민정부문이 퇴역군인사무를 분야별로 관리하던 전통을 그대로 계승하였다. 그리하여 전국의 민정업무를 주관하던 중앙인민정부 정무원 산하의 내무부가 퇴역군인사무를 분야별로 관리하는 체제가 형성되었고, 이를 추진하기 위하여 내무부 안에 퇴역군인 관리보장업무를 담당하는 우휼사를 두었다. 우휼과 마찬가지로 우휼사도 우리에게는 비교적 생소한 단어이므로 이를 우대무휼사로 풀어서 쓰면 좋겠지만, 본서에서는 우휼을 무휼우대로 통일하여 사용하고 있으므로, 우휼사도 무휼우대사로 표기하도록 하겠다. 나중에 등장하는 우휼국도 무휼우대국으로 표기한다. 한편, 1950년에 설립된 중앙인민정부 인사부(人事部)는 군대 전업간부안치의 업무를 책임지고 관리하게 되었다. 이리하여 중앙정부 차원에서 인사부와 내무부가 퇴역군인사무를 분담하여 관리하는 구조가 형성되었다. 이도 역시 퇴역군인사무의 행정관리체제에 발생한 큰 변화라고 할 수 있다.

내무부에 의한 관리

1954년, 중국정부는 정무원의 명칭을 국무원으로 바꾸었다. 이에 따라 과거에 정무원의 지도를 받아 퇴역군인사무를 책임지던 내무부도 이제는 국무원의 지도를 받아 업무를 수행하게 되었다. 이와 동시에 인사부는 폐지되었다. 그리고 국무원의 직속기구로서 정부기관인사국이 설립되었다. 그 후 1959년, 이 정부기관인사국은 국무원 직속기구에서 내무부 하부기구로 개편되었다. 이로써 내무부가 총괄하여 책임을 지는 퇴역군인사무 행정체제가 다져졌다.

이와 같이 퇴역군인사무 행정체제에 변화가 빈발했던 건국초기에는 기구의 유지와 개명도 있었고, 기구의 폐지와 합병도 있었다. 즉, 정무원은 국무원으로 바뀌었고, 내무부는 유지되었지만 중화인민공화국 내무부로 개명되었다. 그리고 1950년에 설립되었던 인사부는 1954년에 철폐되어 1959년에 내무부에 병합되었다. 결과적으로 내무부가 퇴역군인사무를 통일적으로 관리하는 행정관리체제가 형성된 것이다. 그러나 그로부터 7년 뒤에 휘몰아치기 시작한 광기어린 역사의 소용돌이 속에서는 국가의 어떤 기관도 본래의 기능을 제대로 발휘할 수 없었다.

(2) 문화대혁명 시기(1966-1976)

문화대혁명 시기에 퇴역군인 사무행정 관리체제는 매우 큰 타격을 입게 되었다. 그중에서 내무부가 통일적으로 관리하던 퇴역군인사무의 행정체제가 파괴된 것은 가장 큰 타격이었다. 1972년 3월, 내무부가 관장하던 퇴역군인사무는 재정부와 국가계획위원회 노동국이 분할하여 관리하는 체제로 바뀌었다. 이는 퇴역군인사무 행정기구가 비정상적으로 폐지된 예라고 할 수 있다. 게다가 퇴역군인 관리사무를 내무부가 통일적으로 관리하던 국면이 엉뚱하게도 재정 부문과 노동 부문이 분담하여 관리하는 국면으로 바뀌어 버린 것이다.

그 후 국가계획위원회 노동국은 1975년 9월에 국가노동총국으로 바뀌어, 국무원의 직속기구가 되었다. 1972년부터 재정부와 국가계획위원회 노동국이 분담하여 관리해 온 퇴역군인 사무 행정 관리체제에는 특별한 변화가 없이 개혁개방 초기에 민정부가 설립될 때까지 이어졌다.

(3) 개혁개방 이후(1978 이후)

민정부

문화대혁명이 일단락된 후 개혁개방의 시기에 접어들자, 1978년 5월에는 민정부가 설립되어 퇴역군인에 관한 업무를 담당하게 되었다. 당시 민정부가 관리하던 퇴역군인에 관한 업무와 기능을 보면, 본질적으로 원래의 내무부가 다시 설치된 것에 지나지 않았다. 이와 같이 민정부는 원래의 내무부의 명칭을 대체한 것에 불과하기는 하지만, 내무부가 철폐된 지 거의 10년이라는 시간이 경과했으므로 다른 한편으로는 기구의 신설이라고도 볼 수 있다.

국가인사국

1980년 7월, 국무원은 민정부의 하부기관인 정부기관인사부와 국무원 군대전업판공실을 합쳐서 국가인사국을 만들었다. 이 국가인사국은 국무원의 직속기구로서 군대 전업간부의 안치업무를 책임지게 되었다. 이는 개혁개방 이후 퇴역군인 사무행정관리체제에 발생한 중요한 변화라고 할 수 있다. 국가인사국의 업무범위에서 판단하자면, 이는 대체로 1954년-1959년 사이에 존재했던 국무원 직속의 인사국을 다시 설치한 것이나 진배없었다. 한편, 상기의 국무원 군대전업 판공실은 그 명칭에서도 볼 수 있듯이 국무원에 편입된 기구였지만, 이는 새롭게 증설된 기구라고 볼 수도 있다. 왜냐하면 국무원 군대전업판공실은 문화대혁명의 종식에 즈음하여 비로서 설치된 기구이기 때문이다.

이와 같이 개혁개방 초기의 퇴역군인사무 행정체제는 민정부문과 인사부문이 분담하여 관리하는 체제가 형성되었다. 즉, 민정부문은 사병의 퇴역문제의 업무를 맡고, 인사부문은 군관의 전업문제의 업무를 담당하는 관리체제가 형성된 것이다.

노동인사부

바로 앞에서 설명한 바와 같이 1980년에는 국무원에 국가인사국과 국무원 군대전업판공실이 설치되었는데, 그 후 2년이 지난 1982년 5월에는 노동인사부가 조직되었다. 이는 노동부문과 인사행정부문을 처음으로 통합하여 만들어 낸 조직이다. 이 노동인사부 아래에는 군관전업 안치사를 두어, 국무원 군대전업 판공실과 함께 퇴역군인 안치업무를 보게 하였다. 그리고 1988년에는 인사부가 독립적으로 조직됨으로써 퇴역군인의 안치업무를 위한 정부조직편제는 정식으로 모양새를 갖추게 되었다.

인력자원과 사회보장부

그 후 20년 뒤인 2008년에는 인사부와 노동부 및 사회보장부가 합병되어 인력자원과 사회보장부(人社部)라고 하는 새로운 부서가 조직됨으로써, 노동부문과 인사행정부문은 재통합되었다. 요컨대, 1982년에서 2018년에 이르기 까지의 36년 동안 군관 전업사무를 주관하던 행정기구는 두 차례의 기구신설(노동인사부의 설치와 인력자원과 사회보장부의 설치), 한 차례의 기구분할(노동인사부가 인사부와 노동부로 분해), 한 차례의 기구합병(인사부와 노동보장부가 인력자원과 사회보장부로 합병)을 경험하였다.

이제 지금까지 설명한 퇴역군인 사무행정 관리기구의 변화과정을 기구의 수명의 장단을 중심으로 정리해 보자. 국무원에 퇴역군인사무부가 설치(2018)되기 까지 중국의 퇴역군인사무 행정체제가 분열상태에 처한 기간은 거의 80%에 달한다. 기구의 수명을 관찰해 보면, 퇴역군인사무 행정관리와 관련하여 인사부문은 민정부문에 비해 훨씬 빈번한 변화를 겪었다. 우선, 문화대혁명 이전의 내무부의 수명은 20년이었다. 개혁개방 이후, 민정부는 퇴역군인 무휼우대안치를 책임지는 행정부문으로서 40년 동안 기본적으로 변화를 겪지 않았다. 이와는 대조적으로 빈번한 변화를 겪은 인사부문을 보면, 문화대혁명 이전의 인사부의 수명은 4년에 불과하였다. 그리고 그 후 설립된 국무원 직속의 인사국은 5년 동안 유지되었다. 개혁개방 이후 노동인사부의 수명은 6년간 유지되었다. 그리고 그 이전에 설립되었던 국가인사국은 2년간 존속하였다. 인사부의 수명은 20년이었고 인력자원과 사회보장부는 전업군관 안치사무를 책임지는 행정부문으로서 10년 동안 유지되었다. 이와 같이 과거의 퇴역군인 사무행정 관리기구에는 변화가 빈번하게 발행하여, 전체적으로 관련 기구의 평균수명은 11년도 채 되지 않았다. 그리고 국무원 퇴역군인사무부의 설립(2018)으로 민정부의 무휼우대안치업무와 인력자원과 사회보장부의 군대 전업안치의 직능은 전면 통합되어, 이 두 기구가 장기간에 걸쳐 분담하여 관리하던 퇴역군인사무의 행정체제는 타파되었다. 국무원 퇴역군인사무부가 등장함으로써 하나의 전문적인 행정기구가 퇴역군인사무를 총괄하여 관리하는 체제가 확립되었는데, 이는 과거에 없었던 기구가 처음으로 창설된 것이라고 할 수 있다.

지금까지의 설명에서 알 수 있듯이, 건국 이후의 70여 년 동안 중국의 퇴역군인 관리보장체제는 매우 복잡한 변화의 과정을 겪으면서 조정되어 왔다. 위원회 또는 영도소조를 통하여 퇴역군인 관리보장사무를 총괄하던 기간은 50여 년에 달하는데, 이 기간은 기본적으로 정상적인 상태에 있었다. 그러나 영도소조의 역할은 주로 소통과 조정을 하는 데 그쳤다. 게다가 영도소조 구성원들의 인식부족, 실무담당 공무원들의 업무기간의 변동과 경질 등으로 인한 업무 파악의 부족, 각 부서의 자기중심주의 등으로 인하여, 그 어떠한 부서도 독립적으로 퇴역군인 안치보장업무를 주도할 수 없는 상황이 지속되었다. 그리고 민정부와 인력자원과 사회보장부 가 함께 퇴역군인사무를 관리하던 기간은 36년에 달하는데, 표면적으로는 업무를 분담하여 관리하는 체제였지만, 실질적으로는 서로 책임을 미루어서 퇴역군인과 그 가족구성원들의 복지는 제대로 보장받지 못하는 결과를 낳았다.

한편, 퇴역군인의 관리와 보장을 위한 협조영도기구를 설치하지 않은 기간은 18년 가까이 되는데, 이 기간은 비정상적인 상태에 있었다고 볼 수 있다. 또한, 삼소조 조정+두 부서에 의한 분담관리+여러 부서의 협조와 같은 형식으로 운영하던 퇴역군인 사무행정 관리체제의 시기도 있었다. 이러한 체제에는 각 부서의 업무를 조정하는 기능이 있기는 했고, 그 기본적인 구조는 15년가량 유지되었다. 이렇게 서로 다른 선 상에 있는 여러 부문에 분산·설치된 퇴역군인 안치보장기구들로 인하여, 부문 사이의 업무를 조정하는 데 필요한 제도적인 비용은 지나치게 많이 들 수밖에 없었고 업무의 효율성도 매우 높았다고 평가하기는 어렵다.

3) 퇴역군인 사무행정부문의 내부구조의 변화과정

앞에서 설명한 퇴역군인 사무협조 영도기구의 변화과정과 퇴역군인 사무행정 관리기구의 변화과정에 이어, 이하에서는 퇴역군인 사무행정부문의 내부구조가 어떠한 변화를 겪어왔는지에 관하여 살펴보도록 하자. 퇴역군인 사무행정 부문의 내부구조는 문화대혁명을 경계로 하여 큰 변화가 일어났다.

(1) **신중국 수립**(1949)—**문화대혁명 이전**(1966)

문화대혁명 이전에는 비록 짧은 기간이었지만 내무부와 인사부가 함께 퇴역군인사무를 관리하고 있었다. 그러나 좀 더 큰 각도에서 보면, 내무부가 통일적으로 관리하던 시기라고 할 수 있다. 퇴역군인 관리사무는 내무부의 설립과 동시에 그 내부에 설치된 무휼우대사(원문: 優撫司)가 담당하였다. 이와 같이 내무부가 통일적으로 관리하던 시기에, 퇴역군인 관리보장사무를 책임지던 기구의 내부에서는 다음과 같이 두 차례에 걸친 변화가 발생하였다.

첫째, 1953년에 내무부 안에 설치되었던 무휼우대사의 명칭이 무휼우대국(원문: 優撫局)으로 바뀌었다. 둘째, 기구의 신설과 개편이 이루어졌다. 즉, 1959년 국무원 직속의 인사국이 내무부에 편입되었고, 정부기관인사국도 내무부에 새롭게 설치되었다. 개혁개방 이후 민정부가 퇴역군인의 안치업무를 보던 시기와 비교해 볼 때, 이 시기에 내무부가 통일적으로 관리하던 퇴역군인의 안치업무는 상대적으로 안정적으로 진행되었다고 할 수 있다. 예를 들면, 내무부가 퇴역군인 관리사무를 책임지던 기간에는 무휼우대사의 수명은 4년이었고, 그 후에 명칭이 바뀐 무휼우대국의 수명은 16년으로, 도합 20년에 달하였던 것이다.

(2) 개혁개방 이후(1978 이후)

개혁개방 이후에는 비록 짧기는 하였지만 민정 부문이 퇴역군인사무를 통일적으로 관리하던 기간이 있었다. 그러나 총제적으로 보면 이 시기는 민정 부문과 인사부문의 두 기관이 분담하여 관리하던 시기라고 하는 것이 옳다. 그리고 이하의 내용으로 알 수 있듯이, 이 시기에는 민정 부문의 내부와 인사 부문의 내부의 전업군관사무 관리구조에 각각 구조적인 변화가 발생하였다.

민정부는 1978년에 설립되었다. 민정부를 중심으로 한 민정부문은 40여 년 동안 비교적 안정적으로 퇴역군인사무를 담당하고는 있었지만, 내부적으로는 퇴역군인사무의 관리구조에 세 차례의 중요한 변화가 일어났다. 첫째는 기구의 증설이다. 즉, 1981년 민정부에 퇴역군인과 군대퇴직간부 안치국이 신설되었다. 둘째는 기구명칭의 개명이다. 즉, 민정부 아래에 두었던 무휼우대국과 안치국은 1988년에 무휼우대사와 안치사로 바뀌었다. 셋째는 기구의 합병이다. 즉, 민정부의 무휼우대사와 안치사는 무휼우대 안치국으로 통합되었다.

기구수명의 관점에서 관찰해보면 민정부 안에 있던 무휼우대국의 기구수명은 10년이었고, 안치국의 기구수명은 7년, 무휼우대사와 안치사의 기구수명은 양자 모두 10년이었다. 한편, 무휼우대사와 안치사를 통합하여 만들었던 무휼우대 안치국의 기구수명은 20년에 달하였다.

한편, 인사부문은 퇴역군인사무의 또 다른 행정주관부문으로서 전혀 상반된 특징을 보여주었다. 인사부문의 내부에서도 기구 변혁이 비교적 빈번하게 이루어졌는데, 내부 각 기구의 명칭과 직능은 거의 평균 10년에 한 번씩 중대한 조정을 받았다. 이를 다른 각도에서 평가하자면 그 내부에 있던 퇴역군인사무 관리기구들이 적어도 10년 동안은 안정적으로 유지되었다는 것을 의미한다. 국무원 군대전업판공실과 민정부의 정부기구인사국은 1980년에 통합되었다. 그리고 노동인사부는 1980년 이후 인사부 및 인력자원과 사회보장부로 나누어지는 기구 개혁을 경험하였다. 한편, 군관전업안치사는 그 내부에 있던 전업군관 안치업무 전문기구인 국무원 군대전업 판공실과 합병되어 안치업무를 담당함으로써, 40년 가까이 큰 변화를 겪지 않고 매우 안정적으로 유지되었다.

4) 퇴역군인 관리보장체제의 변화의 배경

지금까지 중국 퇴역군인 안치제도의 역사를 ① 퇴역군인 사무협조 영도기구의 변화과정, ② 퇴역군인 사무행정 관리기구의 변화과정, ③ 퇴역군인 사무행정 부문의 내부구조의 변화과정으로 나누어 설명하였다. 그렇다면 이러한 변화의 배경에는 어떠한 것들이 있었을까? 즉, 변화가 발생한 원인은 무엇이었을까?

(1) 정부행정체제의 개혁

앞에서 살펴본 바와 같이, 중국의 퇴역군인 관리보장체제에는 수많은 변화가 발생하였는데, 이는 무엇보다도 중국정부의 행정체제의 개혁에 동반하여 일어난 것이다. 중국정부의 행정체제개혁은 모두 대규모의 정부기구 조정으로 이어졌는데, 이러한 대규모의 기구조정이 있을 때마다 퇴역군인 관리보장체제도 그에 따른 변화를 겪은 것이다. 예를 들면, 중앙복원위원회의 설립과 철회, 중앙전업 건설위원회의 설립, 중앙인민정부 인사부의 철회, 중앙인민정부 내무부 무휼우대사의 개명 등과 같은 변화는 모두 1951년에서 1954년 사이에 진행된 제1차 정부 행정체제의 조정기에 발생하였다. 그리고 내무부의 폐지 및 그 직능의 분할, 국무원 군대전업 공작소조 및 그 사무실의 설치 등과 같은 변화는 모두 문화대혁명 기간에 정부기구가 비정상적으로 폐지 또는 합병되거나 회복되는 과정에서 발생하였다. 국무원의 퇴역군인 사무부도 2018년에 진행된 정부의 행정체제 개혁을 배경으로 설치된 것이다. 이와 같이, 퇴역군인 관리보장체제의 변화는 중국정부가 수립된 후 지금까지 70여 년에 걸쳐 전개된 정부의 행정체제의 개혁에 따른 것임을 알 수 있다. 이와 더불어 군사적, 경제적, 사회적 요인도 퇴역군인 관리보장체제의 변화에 크게 작용했음은 말할 것도 없다.

(2) 군대의 편제 개편

중국에서는 군대체제의 개혁과 간소화 조치가 여러 차례 이루어졌는데, 그럴 때마다 퇴역군인 관리보장체제에 조정과 변화가 발생하여 수많은 현역군인이 퇴역군인으로 전환되었다. 신중국 수립 초기의 예를 보자면, 중앙복원위원회는 1950년에 대규모로 행해진 제1차 군대축소조치를 배경으로 설립되었다. 중앙 전업건설위원회는 1951년 제2차 대규모 군대축소조치를 배경으로 설립되었고, 1957년의 제4차 대규모 군대축소조치를 배경으로 하여 1958년에 폐지되었다. 그리고 내무부의 무휼우대사는 1953년에 취해진 제3차 대규모 군대축소조치를 배경으로 무휼우대국으로 개명되었다. 또한 국무원 군대전업 공작소조 및 그 사무실은 1975년에 진행된 제5차 대규모 군대축소조치를 배경으로 설립되었다.

개혁개방 이후에는, 민정부의 설립(1978) 및 그 내부 관리구조의 조정, 국무원 퇴역군인과 군대 퇴직간부안치 영도소조의 설치(1981)와 폐지(1998), 노동인사부의 설립(1982)과 분할(인사부와 노동부, 인사부와 사회보장부로 분할), 인사부의 설립(1988) 및 퇴역군인사무부의 설립(2018) 등과 같은 중요한 변화가 발생하였는데, 이는 1978년에서 2015년까지 실시된 대규모 군대축소조치와 크게 관련이 있다.

(3) 경제체제의 전환

중국의 경제체제가 수정되고 변화하는 과정에서, 퇴역군인 관리보장체제를 포함한 사회의 다른 모든 관리체제 역시 변화를 겪게 되었다. 개혁개방의 노선이 채택된 후 1982년에 소집된 중국공산당 12차대회는 사회주의 경제체제에서 시장조절의 작용과 중요성을 처음으로 인정함으로써, 중국의 경제체제는 대전환을 맞이하였다. 이를 배경으로 민정부는 퇴역군인 관리업무를 책임지는 주관 부문으로 회복·설립되었다(1978). 국무원 군대전업판공실은 새로 설립된 국가인사국에 편입되었고(1980), 국무원 퇴역군인과 군대 퇴직간부안치 영도소조도 설치되었다(1981). 이와 같이 개혁개방 이후의 퇴역군인 관리보장체제는 경제체제의 변화에 맞추어 기본적인 골격을 갖추게 된 것이다.

그 후 1992년에 개최된 중국공산당 제14차 대회에서는 처음으로 사회주의 시장경제체제의 수립을 경제체제 개혁의 목표로 정하였고, 사회주의 시장경제의 수요에 부응하는 퇴역군인 관리보장체제의 구축을 퇴역군인 관리보장기구 개혁의 목표로 삼았다. 이에 따라 1998년에 진행된 정부기구 개편과정에서 국무원 퇴역군인과 군대 퇴직간부안치 영도소조는 철회되었고, 민정부의 무휼우대사와 안치사는 통합되었다. 이와 동시에 사회주의 시장경제체제에 적응할 수 있는 군대 전업간부 안치제도의 수립에 관한 연구임무를 인사부에 부여하였다. 또한 2004년에는 퇴역사병 안치개혁을 심화하는 협조소조가 결성되었고, 더 나아가서 2011년에는 전국 퇴역사병 안치공작 영도소조가 성립되었다. 또한 2017년에 개최된 중국공산당 19차대회에서는 시장이 자원의 배치에 결정적으로 작용하도록 하는 것과 사회주의 시장경제체제를 신속하게 완성할 것을 강조함과 동시에, 퇴역군인 관리보장기구를 설치할 임무를 명확히 하였다. 이를 위하여 퇴역군인사무부 설립의 필요성이 제기되었는데, 이는 중국의 사회주의 시장경제체제로의 변화가 퇴역군인 관리보장체제의 변화와 깊은 연관성이 있음을 보여주고 있다. 양자는 상호 보완적이고 상호 촉진작용을 하는 관계에 있다고 할 수 있다.

(4) 사회보장체제의 틀 안에 있는 퇴역군인 관리보장체제

중국 공산당은 1985년 9월에 처음으로 새로운 사회보장제도라는 개념을 제기하면서, 통일적인 사회보장기구가 설립되어야 함을 강조하였다. 1993년 11월, 중국 공산당중앙은 〈사회주의 시장경제체제 수립에 있어서 약간의 문제에 관한 결의〉에서 처음으로 무휼우대안치를 사회보장체계 속에 포함시켜야 할 것을 명확히 함과 동시에, 통일적인 사회보장 관리기구의 수립의 필요성을 거듭 강조하였다. 이에 따라 노동과 사회보장부가 설립되었다. 그리고 민정부의 사회무휼우대업무와 안치보장 업무는 통합되었고, 이 통합된 업무는 무휼우대안치국이 맡게 되었다. 이와 같이 무휼우대안치 업무는 사회보장체계론에 힘입어 사회보장제도를 관리하는 기구가 맡게 된 것이다. 그 후 중국 공산당이 소집한 역대의 중요한 회의에서는 그 표현방식은 약간 다르기는 하지만, 예외 없이 무휼우대안치가 사회보장체계의 건설을 위한 중요한 내용의 하나로 열거되었다. 2019년에 개최된 중국 공산당 제19기 4중전회에서는 민생보장제도와 전국민 사회보장체계의 틀 안에서, 사회부조, 사회복지, 자선사업, 무휼우대안치 등의 제도를 총괄하여 완성하고 퇴역군인 업무체계와 보장제도를 완비하기로 결정하였다. 이는 중국정부가 퇴역군인의 생활보장을 일종의 특수한 사회보장으로 보고 있으면서도, 일반 사회보장 체계의 틀 안에서 퇴역군인 관리보장체제의 개혁을 완성하겠다는 의지의 표명이라고 할 수 있을 것이다.

2. 개혁개방 이후 퇴역군인 안치업무 담당기관 사이의 협력 네트워크

개혁개방 정책이 채택된 1978년 이후에는 퇴역군인 안치업무가 건국초기와 문화대혁명 시기에 비해 더욱 활발하게 전개되었고, 이를 담당하는 정부기구도 다양화, 복잡화되어 가는 특성을 보였다. 그리고 전술한 바와 같이, 개혁개방 이후 1988년, 1998년, 2008년 및 2018년에는 각각 국무원의 기구개혁이 단행되었다. 이와 같이 개혁개방 이후에는 10년을 주기로 하여 기구개혁이 단행되었으므로, 이하에서는 기구개혁이 발생한 시점을 기준으로 10년씩 나누어, 중국의 퇴역군인 안치업무 담당기관들의 협조 상황을 비교·분석하도록 하겠다. 시기는 다음과 같이 나눈다. 즉, ① 1978년 12월-1988년 3월, ② 1988년 3월-1998년 3월, ③ 1998년 3월-2008년 3월, ④ 2008년 3월-2018년 3월, ⑤ 2018년

3월 이후.

퇴역군인 안치보장업무는 관련 기관들 사이의 업무조절과 협조를 필요로 하므로, 교차성과 복잡성을 그 특징으로 하고 있다. 예를 들면, 중앙군사위원회의 관련 부서와 국무원의 관련 기구 사이에는 직능이 교차하는 문제가 있고, 퇴역군인 안치정책을 주체적으로 실시하는 관리기관과 기타 관련기구 사이에는 직무 경계가 불분명한 문제 등이 존재한다. 기구 간 협력 네트워크의 밀도가 높으면 높을수록 협력 네트워크 안에 있는 기구 사이의 연계성은 더욱 긴밀하게 된다. 이와 반대로, 협력 네트워크의 밀도가 낮으면 낮을수록 기구 사이의 연계성은 줄어들어 느슨한 구조로 바뀌게 된다. 이러한 기구 간 협력 네트워크의 특성에 기초하여, 중국 퇴역군인 안치보장체계의 발전과정과 기구 간 협력 메커니즘을 분석해 보도록 하자.

일반적으로 국가기관 사이의 관계는 동급 정부 내부의 각 기관 사이의 상호관계를 말한다. 그렇다면, 군대나 업종별 협회 등과 같은 정부 이외의 기구와 정부기관의 관계도 기구 간 관계라고 할 수 있을까? 이에 대하여 기구와 기구 사이의 관계를 특별히 정부기구 사이의 관계에 국한하여 보는 견해도 있고, 정부기구 사이의 관계뿐만 아니라, 정부기구와 사회단체 사이의 관계까지 포함시켜서 보는 견해도 있다. 중국의 〈국가행정기관 공문처리판법〉제16조는 기구 간 협조공문의 형식에 대하여, 다음과 같이 규정하고 있다. 즉, "정부 부문과 그에 상응하는 당조직과 군대기관은 연합하여 공문을 발송할 수 있다. 정부 부문과 동급 인민단체와 행정직능을 가지는 사업조직도 연합하여 공문을 발송할 수 있다." 이 규정에 따르면 정부기구뿐만 아니라, 당위원회 공작기관, 군대기관과 인민단체 및 사업조직 등도 기구 간 관계에 포함된다고 할 수 있다. 그러므로 여기에서는 기구와 기구 사이의 관계를 당정기구, 군대기관, 사회단체조직 등의 조직 사이에서 직권, 자발성, 조직의 이익 및 책임의 소재 등에 기초하여 형성된 협력의 메커니즘 및 상호관계로 보고 설명하고자 한다.

중국에서 기관과 기관 사이의 협조의 결과는 종종 연합공문의 형식으로 발표된다. 본서에서 말하는 연합공문은 동급기관 사이 또는 동급기관과 상호 예속되지 않은 기구 사이에서 업무의 경계를 명확히 하고 업무가 중첩·교차하는 문제를 해결할 필요가 있을 때, 횡적인 소통을 통하여 조정한 후 함께 발표하는 법률·방침·정책·의견 등과 같은 공문서를 말한다. 개혁개방 이후 1978년 12월에서 2019년 5월까지 공산당 중앙 및 중앙기구, 국무원 및 각 부의 위원회 판공국, 중앙군사위원회 및 각 기관부문이 발표한 연합공문 중에서 퇴역군인, 퇴역사병, 군대 전업간부와 같이 퇴역군인 안치보장정책에 관련한 표제어가 포함된 공문서는 310개에 달한다.

이들 310개의 공문서 중에서 각 기구가 독립적으로 발표한 것은 101개(32.6%), 연합공문은 209개(67.4%)이다. 이 중에서 당중앙 부문기구, 국무원 각부 위원회 판공국, 국무원 의사협조기구, 중앙군사위원회의 각 기관 부문이 발표한 정책문건은 232개로 74.8%에 달한다. 그리고 중앙군사위원회 및 군사위원회 각 기관 부문이 함께 발표한 공문은 148개로 정책문헌 총 수의 47.7%를 점하고 있다. 또한, 중공중앙, 국무원, 중앙군사위원회가 공포한 정책문건의 수는 70개인데, 이중에서 의사협조기구가 함께 참여하여 공동으로 작성하고 공포한 정책문건은 40개이다.

1) 회복 및 조정단계(1978. 12-1988. 3)

장장 10년에 걸쳐 전개되었던 문화대혁명(1966-1976)을 겪은 후 1978년에 접어들자, 중국은 개혁개방 정책을 채택·시행하였다. 개혁개방 이후 중국의 퇴역군인 안치보장업무는 발전적인 모델을 탐색하면서 점점 안정적으로 회복되기 시작하였다. 이 시기에 중국은 〈군대간부의 퇴직에 관한 임시규정〉(1981), 〈중국인민해방군 지원병의 현역퇴출 및 안치 임시판법〉(1983), 〈퇴역의무병 안치조례〉(1987) 등을 공포하였다. 이들 문건의 발표는 당시 퇴역군인을 위한 안치보장의 기본적인 정책 시스템이 어느 정도 형성되었음을 말해주고 있다.

이 기간에 정부의 상급기관이 퇴역군인 안치정책에 관하여 발표한 문서들의 상황을 살펴보도록 하자. 1978년 12월에서 1988년 3월까지의 기간에 각 기구가 발표한 퇴역군인 안치보장 정책 문건의 수는 64개이고, 이 중에서 한 기구가 단독으로 발표한 공문서는 15개이며, 복수의 기구가 함께 발표한 연합공문은 49개이다. 이 시기에 비교적 높은 빈도로 등장한 표제어는 퇴역군인 안치보장정책의 세 분야, 즉 전업간부·복원간부의 안치, 퇴역사병의 안치, 특수대상의 안치관리이다. 이 10년 동안 퇴역군인 안치정책의 테마는 주로 퇴역군인의 유형에 따라, 군대 전업간부, 학교학생, 의무병과 지원병, 이직간부 및 퇴직간부, 그리고 상이군인의 안치와 관리방식에 관한 것이었다. 아울러 퇴역군인의 보수와 계급별 편제상황에 대한 규정도 두고 있어서, '합리적인 안치'가 당시의 중요한 정책목표였다고 할 수 있다. 그 일환으로 퇴역군인을 현역 시의 계급에 따라 전업간부와 복원간부, 퇴역사병, 이직군인과 퇴직군인, 상이군인 등으로 분류하여, 그에 맞는 안치정책들을 모색하였다. 이와 같이 퇴역군인 안치보장을 위한 기본적인 정책이 조금씩 체계를 갖추면서 퇴역군인 관리업무는 안정기에 접어들기 시작하였다.

그렇다면, 이 시기에 퇴역군인 관리업무 기구들 사이의 협력은 어떠한 형태로 전개되었을까? 1978년에 개최된 전국 제5기 인민대표대회에서는 군인 및 가족의 위문과 복원군인 및 퇴역군인의 안치업무를 관리하는 부서로서 민정부의 설립이 결정되었다. 그리고 이듬해 11월에 개최된 전국 인사국장회의에서는 군대 전업간부의 안치업무를 인사부가 관리하도도록 하는 것으로 결정되었다. 이 10년 사이에 정책체계의 초보적인 프레임워크 및 담당기구 기능의 분업과 기구 간 협력모델의 초기적인 형태가 형성된 것이다. 특기할 만한 점은 1982년 국무원 기구개혁 방안에 따라 국가노동총국, 국가인사국 등 4개의 부문이 통합되어 노동인사부가 설립되었다는 것이다. 이 단계에서 노동인사부를 중심으로 한 협력관계에는 1980년에서 1982년 사이에 국가 노동총국과 국가인사국이 발표한 정책과 1982년 이후 노동인사부가 발표한 정책이 포함되며, 연합공문의 작성과 발표에 참여한 기구는 29개에 달하고, 기구 간 협력관계는 556차례에 걸쳐 이루어졌다. 이 시기의 기구 간 지위 및 권력의 분배는 비교적 평등하고 균분적이었으며, 많은 인적·물적자원과 정보의 흐름이 있었다. 협력 네트워크가 어느 하나 또는 몇 개의 기구에 의존하는 추세는 크게 나타나지 않았으므로, 비교적 균형 잡힌 협력 네트워크가 형성·유지되었다고 할 수 있다.

요컨대 1978-1988년, 중국의 퇴역군인 안치보장업무는 막 회복되어 관련 기구도 차례로 설립되었고, 기구 간 협력의 모델과 협력의 메커니즘의 원형이 형성되었다. 이 시기에는 국가의 통일적인 요구에 맞추어 부서 및 기구 간 협력은 상부에서 정한 대로 움직이는 경향이 있었으므로, 각 기구의 자주성은 크게 나타나지 않았다. 기구 간 협력의 빈도는 비교적 높았고 관계도 긴밀하였다. 자주성을 강하게 드러내는 기구는 없었으므로 어느 소수의 기구에 의하여 전체적인 협력 네트워크가 크게 영향을 받는 일도 없었다. 이와 같이 기구 간 권력의 분배는 균분적이었고, 지위도 평등하였다. 전체적인 네트워크의 응집력도 높았으며, 연락밀도는 균형-밀집형의 모습을 보여주었다.

2) 적극적인 발전단계(1988. 3-1998. 3)

1988년에서 1998년 사이에 중국은 퇴역군인 안치보장정책에 관하여 74개의 문건을 발표하였다. 이 중에서 관련 부서들이 함께 발표한 연합공문은 68개이고, 관련 부서 중 어느 한 부서가 단독으로 발표한 공문서는 6개에 불과하였다. 이 기간은 중국 퇴역군인 안치보장업무의 적극적인 발전기로서, 주로 계속적인 발전 모델을 만드는 데 주력하였다. 그리고 앞의 단계에서 실시한 정책의 부족한 점과 문제들에 대하여 수정·보완함으로써 퇴역군인의 안치정책은 계속성, 규범성, 체계성을 갖추게 되었다. 전업간부, 복원간부의 안치, 안치표준의 세부적인 조정, 특수대상에 대한 안치보장은 이 시기의 중요한 정책테마로 떠올랐다. 이직간부 및 퇴직간부와 퇴역지원병의 퇴직금, 주거비 및 생활대우의 보장기준도 세분화되었다. 이와 같이, 이 시기의 퇴역군인 안치보장업무는 전 단계보다 더욱 발전된 모습을 보였다.

이 기간에 퇴역군인 안치정책을 주관하는 기구들 사이의 협력과 조정관계는 점점 순조롭게 진행되어, 30개의 기구 사이에 750차례에 걸친 협력이 있었다. 이 시기의 기구 간 협력 네트워크에서 가장 핵심적인 역할을 한 상위 5위 기구는 민정부, 총정치부,

재정부, 인사부 및 총 후방지원부이다. 이와 동시에, 군대 전업간부 안치공작소조와 퇴역군인, 군대 이직간부와 퇴직간부 안치영도소조의 역할은 협력 네트워크에서 중간 이상으로 상승하였다. 이는 이 시기에 의사조정기구가 퇴역군인 안치보장 관리기구의 협력 네트워크에서 비교적 양호한 매개역할을 하였음을 말해주고 있다. 퇴역군인 안치관련 핵심기구들은 의사조정기구를 통하여 다른 기구들과 유대관계를 구축하였다.

요컨대 1988~1998년, 중국의 퇴역군인 안치보장정책은 주로 퇴역군인의 안치대우와 보장조치의 점진적인 세분화 작업과 전 단계에 실시했던 정책의 문제점의 수정 및 개선에 그 중점이 놓여 있었다. 퇴역군인 안치보장정책의 기획과 제정에 참여한 관리기구의 수는 크게 늘지는 않았지만, 과거의 10년 동안 실행된 협력모델을 바탕으로 군대 전업간부의 안치, 퇴역사병의 안치, 이직간부와 퇴역간부의 관리, 상이군인의 보장 등 많은 영역에서 여러 기구가 함께 관리함으로써, 기구와 기구 사이의 협력의 밀도는 높아졌고 규모도 더욱 확대되었다. 또한, 협력 네트워크에서는 권력 집중적인 핵심기구가 나타났고, 이 핵심기구를 향하여 집결하는 네트워크 구조의 모습을 보였다. 전체 기구의 협력 네트워크의 응집력은 약하지만, 개별적인 연락밀도는 높은 집중-밀집형의 네트워크 구조가 형성된 것이다.

3) 확장·전개를 위한 탐색단계(1998. 3-2008. 3)

1998년부터 2008년까지 중국이 공포한 퇴역군인 안치보장에 관한 정책문건은 60개에 달한다. 이 중에서 한 기구가 독립적으로 발표한 문건은 24개이고, 복수의 기구가 함께 발표한 연합문서는 36개이다. 경제가 부단히 발전해 감에 따라, 중국의 퇴역군인 안치보장정책의 내용에도 새로운 특징이 나타나기 시작하였다. 이 10년은 중국 퇴역군인 안치보장업무가 전략적으로 확장·전개된 시기라고 할 수 있다.

1998년, 중국은 신〈병역법〉을 제정하여 병역제도를 조정하였다. 즉, 의무병과 사관을 서로 결합한 복역방식을 시행하였고, 퇴역사병의 주된 안치 방식을 일자리 안배형과 자주적인 취업형으로 나누어 실시하였다. 그리고 2001년, 중공중앙·국무원·중앙군사위원회는 함께 〈군대 전업간부안치 임시판법〉을 제정·공포하였다. 이에 따라 군대간부의 전업은 계획분배와 자주적인 직업선택의 두 가지 방식, 즉 계획경제와 시장경제를 서로 결합한 안치의 모델이 등장하게 된 것이다. 이 시기에는 중국의 퇴역군인 안치보장업무에 관련된 영역이 점차 늘어남에 따라, 퇴역군인의 안치 방식, 보장조치, 부조의 방법 등에서 해결해야 할 문제도 더욱 복잡해졌다. 시장화 안치, 퇴역군인의 취업안배, 퇴역군인의 세수우대 및 특수대상의 우대보장 등은 이 시기의 퇴역군인 안치정책의 중점적인 테마였다. 이를 보면, 당시 중국의 퇴역군인 안치보장업무의 정책테마는 합리적인 안치에서 다원적인 안치로 바뀌어 갔음을 알 수 있다.

이와 같이 이 시기에는 과거의 계획적이고 강제적인 안치에서 시장과 사회를 염두에 둔 안치로 조금씩 전환되기 시작하였고, 이를 위하여 퇴역군인의 취업과 창업, 세수우대, 직업교육훈련에 관한 일련의 정책이 발표, 실시되었다. 이 시기의 협력 네트워크의 견인차 역할을 한 상위 6개의 부서는 재정부, 총정치부, 노동과 사회부장부, 민정부, 인사부 및 총 후방지원부인데, 노동과 사회부장부의 참여도가 높아진 것은 특기할 만하다. 또한, 국가세무총국, 교육부, 중앙조직부 등과 같은 정책전개형 기구도 점점 핵심적인 기구와의 연락을 강화하였고, 정책발표에 참여하는 횟수도 증가하였다. 이는 퇴역군인 안치 방식이 계획안치에서 시장화 안치로 전환되어 감에 따라 채택된 취업과 창업, 세수우대, 직업교육훈련 등의 업무에 관련된 부서들도 안치보장정책의 구상에 참여하기 시작한 것에 연유한다고 할 수 있다. 한편, 이로 인하여 업무경계가 모호하고 중복·교차하는 문제가 더욱 크게 드러났고 정책의 제정에 참여하는 기구도 더욱 다원화됨에 따라, 기구와 기구 사이에서는 새로운 협력모델이 나타나게 되었다. 각 기구의 정책체계에서의 지위는 독립적이고 자주적인 지위에서 점점 협동과 호응하는 지위로 변하였다고 할 수 있다.

1998~2008년의 상황을 정리하자면, 이 시기의 군대간부의 전업방식으로는 종전의 계획분배와 더불어 자주적인 직업선택의 방식이 채택되었고, 퇴역사병의 안치 방식으로는 일자리안배와 자주적인 취업의 두 가지 방식이 채택되었다. 이와 같이 계획경제와 시장경제가 서로 결합된 안치의 모델이 초보적으로 형성된 것이다. 그 결과 정책에 관련된 영역은 점점 확장되어, 시장화 안치, 취업 및 창업의 지원, 세수우대 등이 이 시기의 주요한 정책테마로 떠올랐다. 또한 다양해진 기구 사이의 업무가 중복·교차하는 문제를 해결하기 위하여 퇴역군인 안치보장업무와 관련한 관리기구의 수도 늘어났다. 그런데 이러한 상황에 따라 새로운 협력 모델들이 등장함으로써 업무경계가 모호하고 중복·교차하는 문제는 오히려 더 크게 부각되었고, 기구는 더욱 다원화되었다. 기구 간 협력의 규모와 빈도는 비교적 낮았고, 네트

워크의 응집력도 비교적 약하였다. 요컨대, 기구 간 협력 네트워크는 점점 민정부, 인사부, 노동과 사회보장부, 재정부, 총 후방지원부 및 총 정치부를 중심으로 한 집중-분산형 구조로 바뀌게 되었다.

4) 기능의 심화단계(2008. 3-2018. 3)

이 기간에 중국정부가 퇴역군인 안치보장정책에 관하여 발표한 문건은 93개로, 최대치에 이른다. 이 중에서 복수의 기구가 함께 발표한 연합공문은 47개로 50.5%에 달했는데, 이는 이전의 각 단계에 비하면 하락한 비율이다. 중공중앙, 국무원 및 중앙군사위원회가 단독으로 또는 연합하여 발표한 정책문건은 33개로 35.5%를 점하였고, 이는 각 단계 중 가장 높은 비율이다. 이 시기에 중국의 퇴역군인 안치보장업무는 업무영역의 교차성, 종합성 및 복잡성이 비교적 두드러졌다.

2011년에는 〈중국병역법〉 개정과 〈중국 퇴역사병안치조례〉 제정이 이루어졌다. 이 기간의 퇴역사병 안치정책은 특히 도시와 농촌의 일체화를 지향하여, 각 기구의 정책 내용을 세분화하기 시작하였다. 세수우대 및 금융서비스, 취업과 창업지원, 직업교육과 기능훈련 그리고 퇴역군인 안치 및 특수대상에 대한 우대보장은 이 시기에 중국이 가장 관심을 두고 실시한 정책이었다. 그리하여 퇴역군인에게 제대로 된 생활보장을 해 주는 것이 가장 중요한 의제가 되었고, 정책테마는 다원화 안치에서 퇴역군인을 위한 서비스의 보장의 방향으로 전환되었다.

기구 간 협력 네트워크에도 많은 변화가 나타났다. 2016년 1월 1일, 중국 중앙군사위원회는 〈국방과 군대개혁의 심화에 관한 의견〉을 발표하여, 중앙군사위원회에 있던 4개의 총부(總部)를 15개의 직능부문으로 조정하였고, 총부제(總部制)를 다부문제(多部門制)로 바꾸었다. 이 중에서 총참모부는 중앙군사위원회 연합참모부로, 총정치부는 중앙 군사정치공작부로, 총 후방지원부는 중앙군사 후방지원보장부로 바뀌었는데, 이들 세 기구는 서로 일대일의 대응관계에 있었다. 다만, 퇴역군인 안치보장업무가 지령형 안치에서 사회화 안치로 바뀜에 따라, 국무원 군대전업간부 안치공작소조의 직능이 단일화되기는 어려웠고, 매개와 조정의 기능도 제대로 작동하지 못하였다.

요컨대, 2008~2018년에는 퇴역군인 안치보장체계에 관련된 영역은 점점 확장되었지만, 기구 간 협력의 정도는 강하지 않았고, 관계도 그다지 긴밀하지 않았다. 관련기구의 기능도 평균화되어 가는 추세에 있어서, 하나의 기구가 전체 네트워크에 미치는 영향력은 미미한 수준에 머물렀다. 총참모부, 총정치부, 총후방지원부 등과 같은 군사위원회 기관부문의 네트워크에서의 역할은 주도적인 호응에서 협조와 지지로 바뀌었다. 한편 교육부, 농업부, 국가세무총국 등의 정책추진형 기구와 퇴역군인 안치업무를 담당하는 핵심기구 사이의 관계는 더욱 강화되었는데, 이는 중국사회의 변화에 따라 정부의 퇴역군인 안치정책의 중점이 대중의 창업정신, 퇴역군인에 대한 세수우대, 현대적인 직업교육 등의 분야로 이동한 것과 깊은 관계가 있다. 바로 앞에서 설명한 바와 같이, 이 기간에 관련 기관들의 협력 네트워크에서의 작용은 평균화하는 추세를 보였다. 이와 같이 그다지 강하지 않은 기구 간 연락의 밀도, 협력의 정도 및 상호연계성으로 인하여, 전체적인 협력 네트워크는 균형-분산형 구조를 드러내었다.

5) 2018년 3월 이후

2018년 3월, 퇴역군인 보장업무를 총괄하여 관리하는 부서로서 국무원 퇴역군인사무부가 탄생하였다. 2018년 이후 최근까지의 상황을 모두 파악하기는 어렵지만, 2019년 5월까지 집계된 자료를 토대로 분석해 보면, 이 짧은 기간 동안 퇴역군인 안치보장에 관하여 국가적 차원에서 공포한 정책문건은 19개이고, 이 중에서 한 기구가 단독으로 발표한 것은 10개, 연합하여 발표한 것은 9개이다. 전체적인 네트워크도 비교적 잘 형성되어, 기구 사이에서 비교적 긴밀한 협력활동이 전개되었다. 각 기구 사이에는 더욱 규범적이고 효율적인 협력의 모델이 형성되었다. 이는 퇴역군인사무부가 기구 간 협력 네트워크 안에서 발휘한 조정작용과 깊은 관계가 있다.

국무원 퇴역군인사무부가 참가하여 제정·공포한 공문서에는 〈신시대에서 퇴역군인 취업과 창업공작을 촉진하는 것에 관한 의견〉, 〈정부가 퇴역사병의 취업안치를 안배하는 공작을 진일보 강화하는 것에 관한 의견〉등이 있다. 2022년에 공포될 예정으로 있는 〈중국 퇴역군인 안치조례〉의 기초작업도 국무원 퇴역군인사무부가 하였다. 국무원 퇴역군인사무부는 기구 간 협력 네트워크에서 소통의 매개체의 역할을 수행하는 중추적인 기구가 되었다. 그 결과, 민정부와 인력자원 및 사회보장부의 역할은 주도적인 견인에서 협동과 호응으로 바뀌었다. 국무원 퇴역군인사무부는 교육부, 재정부, 중앙군사위원회 정치공작부 등으로부터 큰 지지를 받음에 따라, 규모 있고 체계적인 퇴역군인 안치보장체계가 수립된 것이다. 국무원 퇴역군인사무부의 설립으로 기구 간 협력의 효율성이 높아짐에 따라, 기구 사이에서 발생하던 다툼의 비용도 줄어들었다. 과거에 갖고 있던 체제 내적인 장애, 즉 여러 기관에 의한 중첩적인 관리와 직책이 교차하는 문제 및 기관과 기관 사이의 매끄럽지 못한 업무연결 등의 문제는 상당 부분 해소되었다고 평가할 수 있다.

이상에서 분석한 바와 같이, 개혁개방 이후 현재까지의 중국의 퇴역군인 안치보장정책은 안정·발전·확장·전개·심화의 과정을 거치며 변화하였고, 정책의 테마는 안치의 회복·합리적인 안치·안치 방식의 다원화·서비스 보장의 궤도를 따라 변천해 왔다. 그리고 퇴역군인 안치보장 관리기구 간 협력 네트워크의 구조는 균형-밀집형 네트워크·집중-밀집형 네트워크·집중-느슨한 형태의 네트워크·균형-느슨한 형태의 네트워크로 진화하는 모습을 보였다. 이와 같이, 개혁개방 이후 현재까지의 중국의 퇴역군인 안치보장정책 및 안치보장 관리기구 사이의 협력 네트워크는 각 단계별로 진화와 개선의 단계를 거쳐 왔지만, 앞으로도 계속 진화·개선되어야 할 것이다.

우선, 퇴역군인 안치보장제도를 중국의 경제발전의 수준에 맞추어 개발하되 정부, 군대, 시장 및 사회가 서로 협력하여 함께 관리하는 메커니즘을 만들어 낼 필요가 있을 것이다. 시장과 사회의 힘을 빌려 국가의 수요와 사회의 공급이 균형 잡히도록 해야 하며, 정부, 군대, 시장과 사회가 각자 가지고 있는 강점과 우세한 면을 통합하여 다원적인 주체가 협력하여 함께 관리하는 메커니즘의 수립이 필요한 것이다.

다음으로, 정부의 각 부서를 아우르는 연석회의를 통하여, 정부 부문과 군사위원회 기관 부문, 퇴역군인 사무 부문과 기타 정부기구가 정책을 횡적으로 조정하는 메커니즘을 만들어내야 한다. 그리고 종적으로는 중국적인 특색을 가진 지휘체계에 따라 당 중앙이 지도하고, 퇴역군인사무 관련 부문이 책임을 지며, 의사기구가 조정하고, 지방의 관련 부문이 이에 호응하여 움직이는 프레임워크를 형성해 나아가는 것이 중국의 행정권력관계의 현실에 부합한다. 이는 역으로, 모든 권력을 전부 장악하고 있는 중국 공산당 중앙이 지도를 제대로 하지 못하면 바람직한 결과가 나오기 어렵다는 것을 의미한다.

〈표2〉 개혁개방 이후 퇴역군인 안치보장정책의 전개 및 기구간 협력 네트워크

	회복 및 조정단계 (1978.12-1988.3)	적극적인 발전단계 (1988.3-1998.3)	확장·전개를 위한 탐색단계 (1998.3-2008.3)	기능의 심화단계 (2008.3-2018.3)
퇴역군인 안치보장정책	안정	발전	확장·전개	심화
안치정책 테마	안치의 회복	합리적인 안치	안치 방식의 다원화	서비스 보장
기구간 협력 네트워크	균형-밀집형	집중-밀집형	집중-느슨한 형태	균형-느슨한 형태

6) 나오면서

지금까지 중국 보훈제도의 역사를 ① 제1단계: 중화인민공화국이 성립된 1949년에서 문화대혁명이 발발한 1966년까지, ② 제2단계: 1966년에서 1976년까지의 문화대혁명 시기, ③ 제3단계: 개혁개방 정책이 채택된 1978년부터 국무원 퇴역군인사무부가 설립된 2018년까지, 그리고 ④ 제4단계: 국무원 퇴역군인사무부가 설립된 2018년 3월 이후로 나누어 고찰하였다.

위의 시기구분을 바탕으로 1949년부터 현재에 이르기까지의 중국의 퇴역군인 안치제도의 역사를 퇴역군인 사무협조 영도기구의 변화과정, 퇴역군인 사무행정 관리기구의 변화과정 및 퇴역군인 사무행정부문의 내부구조의 변화과정으로 나누어 살펴보았고, 또한 이러한 변화가 발생한 배경에 대해서도 분석을 행

하였다. 특히, 퇴역군인 안치제도에 대한 중국정부의 의지를 가늠하는 기준으로 볼 수 있는 각 기구 수명의 장단의 관점에서도 안치기구의 활동상을 조명해 보았다.

이상과 같이 1949년에서 현재에 이르기까지의 중국의 퇴역군인 안치제도의 역사를 모두 살펴보았지만, 개혁개방 이후의 퇴역군인 안치정책 변화의 역사는 10년씩 나누어 고찰할 수 있는 이점을 이용하여, 안치보장업무를 담당한 기관과 기관 사이의 협력 네트워크의 양태를 중심으로 다시 한번 그 변화상을 분석하였고, 가능한 한 역동적으로 설명하고자 노력하였다.

이 장에서 설명한 내용에서 알 수 있듯이 중국 보훈제도는 매우 복잡한 형태로 변화·발전되어 왔는데, 이는 현대 중국 정치역사의 특수성에 유래한다. 또한 이와 같이 복잡한 중국 보훈제도의 역사에는 보훈제도를 어떠한 방식으로 수립하고 또 어떠한 방식으로 운용해야 할 것인가에 대한 중국정부의 심각한 고민이 고스란히 녹아 들어가 있다고 해석할 수 있을 것이다.

국무원 퇴역군인사무부가 설립된 2018년 3월 이후로 중국의 보훈제도는 새로운 전환점을 맞이하게 되었다. 2018년 3월 이후의 중국의 보훈제도의 모습에 대해서도 간단히 언급은 하였으나, 이에 대한 더욱 상세한 소개는 다음 장에서 하겠다.

제4장

중국 국무원 퇴역군인사무부

1. 설립 배경

중국 국무원에 퇴역군인사무부가 설치되기 이전의 퇴역군인 안치업무의 활동상황을 다시 정리하자면 다음과 같다. 즉, 중국의 군대 전업간부의 안치업무는 국무원 군대전업간부 안치공작소조의 지도에 따라 실행되었고, 구체적인 업무는 인력자원과 사회보장부가 맡아서 하고 있었다. 인력자원과 사회보장부에 설치되어 있던 군관전업안치사는 국무원 군대전업간부 안치공작소조 사무실의 일상적인 업무를 담당하고 있었다. 그리고 중앙조직부, 중앙기구 편제위원회 판공실, 국가발전과 개혁위원회, 민정부, 재정부, 총정치부, 무장정치부 등의 조직들도 퇴역군인 관리업무에 참여하고 있었고, 지방정부도 이들 중앙정부의 조직에 상응하는 군대전업 안치부문을 설치하여 운영하였다. 민정부는 그 안에 무휼우대 안치국을 두어 퇴역사병, 복원간부, 군대 이직간부와 퇴직간부, 군대의 군적이 없는 퇴역군인의 안치업무를 맡도록 하였다. 이와 같이 지도부가 여러 갈래로 나누어진 관리체제로 인하여 많은 담당 부문이 설치되기에 이르렀는데 관련된 업무범위가 넓다 보니 제대로 관리되지 못하였다. 그리고 부문 사이에서는 부서 이기주의의 발로로 서로 다투는 일도 빈번히 발생하여, 퇴역군인안치 관리업무의 행정효율은 높을 수가 없었다.

국가행정의 효율을 높이려면 과학적이고 합리적인 정부기구가 필요하다. 그리고 경제의 발전, 정부기능의 변화 및 새로운 시대적 수요에 부응하려면, 정부 각 부문의 직능을 합리적으로 조정하고, 책임을 명확히 하며, 권력에는 책임이 뒤따른다는 것을 확실히 하고, 기구의 중첩과 직책이 교차하는 문제를 시정하여, 통일적인 지도체계를 만들 필요가 있다. 이러한 문제의식에 기초하여, 중국에서는 퇴역군인의 생활보장업무를 담당하는 전문기구를 설립하여 조직을 재편해야 한다는 주장이 계속 제기되어 왔다. 결국 2018년에 국무원 퇴역군인사무부가 설치됨으로써 퇴역군인사무 행정관리체제는 통합되었고, 상술한 문제들도 상당 부분 해소되었다.

2. 퇴역군인사무부의 설립

앞장에서 이미 설명한 내용 중에서 퇴역군인사무부의 설립 연혁과 직접적으로 연관된 내용은 다음과 같다. 1981년 2월 12일 국무원 퇴역군인과 군대 퇴직간부 안치영도소조가 설립되었고, 그 사무실은 민정부에 두었다. 1982년 5월에는 노동총국, 국가인사국, 국가편제위원회 및 국무원 과학기술간부국을 합병하여 노동인사부를 설립하였고, 그 밖에도 군관전업 안치사와 국무원 군대전업간부 안치공작소조 사무실을 두었다. 그 후 1998년에는 국무원의 기구개혁을 통하여 민정부의 무휼우대국과 안치사는 무휼우대 안치국으로 통합되었다. 이어 2008년에도 국무원은 기구개혁을 통하여 인력자원과 사회보장부를 설치하였고, 그 안에 군관전업 안치사와 군대전업간부 공작소조 사무실을 두었다. 그 후 2017년 10월에 개최된 공산당 제19차 대회에서는 전문적인 퇴역군인 관리보장기구를 설립할 것이 결정되었다. 드디어 2018년 제13기 전국인민대표대회 제1차 회의에서는 국무원의 기구개혁방안이 채택됨으로써, 국무원에 퇴역군인사무부가 설치되기에 이르렀다.

퇴역군인사무부는 퇴역군인 안치업무에 연관된 각 부문을 아우르는 정부조직이다. 퇴역군인사무부 안에 설치된 부서로는 판공청, 정책법규사(司. 이하 동일), 사상정치와 권익보호사, 계획재무사, (인수)인계 안치사, 취업·창업사, 군대퇴직 서비스관리사, 옹군무휼우대사(擁軍優撫司: 군대를 옹호하고 퇴역군인을 우대하여 무휼하는 부서), 표창기념사, 기관의 당위원회, 열사기념시설 보호센터, 퇴역군인 정보센터 등이 있다.

퇴역군인사무부의 주된 직책은 다음과 같다. 즉, ① 퇴역군인의 사상정치, 관리보장 등에 관한 정책법규의 입안과 실시, ② 퇴역군인이 당과 국가 그리고 인민을 위해 희생하고 공헌한 정신적인 풍모와 가치의 발전방향을 크게 표창하고 홍보하기, ③ 군대전업간부, 복원간부, 퇴직간부, 퇴역사병안치의 인수인계 작업 및 자주적으로 취업한 퇴역군인을 위한 서비스관리와 대우보장업무, ④ 퇴역군인을 위한 교육과 훈련, 무휼우대 등의 조직과 전개, ⑤ 전국적으로 군대를 옹호하고 혁명 군인가족을 우대하는 업무의 지도, ⑥ 열사와 퇴역군인의 영예를 빛내주기, 군인공동묘지의 유지·관리 및 각종 기념활동의 전개.

3. 퇴역군인사무부 설치의 평가

첫째, 과거의 여러 부문이 협동하여 이행을 약속하던 메커니즘은 상호 책임전가와 상호불신의 현상을 증폭시켜 왔었는데, 퇴역군인사무부의 설치로 행정부와 군대 안치업무 관련 부문의 업무는 통합되었다. 즉, 민정부와 인력자원과 사회보장부가 분담 관리하던 퇴역군인 사무관리업무는 퇴역군인사무부에 통합되었고, 군대의 중앙군사위원회 정치공작부와 후방병참보장부가 책임지던 퇴역군인 사무관리의 직능도 이에 통합되었다. 퇴역군인사무부의 조직적이고 총괄적인 지도에 따라, 퇴역군인 안치보장업무는 전국적으로 어느 정도 일사불란하게 전개되고 있는 것으로 보인다.

둘째, 퇴역군인사무부의 설치로 퇴역군인 관리보장사무의 분야에서는 하나의 부문이 통솔하고 하나의 부문이 책임진다고 하는 개혁의 목표가 실현되었다. 그리고 퇴역군인 관리보장기구 간의 수직적인 지도체계가 강화되어, 행정명령이 상하급 기구 사이에서 원활하게 전달될 수 있게 되었다. 공공책임이 여러 단계를 거치면서 생기는 다층적인 위탁행위는 도덕적 해이와 책임의 전가 등의 문제를 내포하고 있어서 업무의 효율은 저하될 수밖에 없는데, 이러한 문제들도 어느 정도는 감소될 것으로 보인다.

4. 퇴역군인사무부 관리보장체제의 개선방향

퇴역군인사무부의 설립으로 퇴역군인의 관리업무에 긍정적인 변화가 나타났지만, 퇴역군인 관리보장체계와 현대화의 관점에서 보면 보완해야 할 점은 여전히 존재한다.

1) 퇴역군인 관리보장 협조지도체제의 개편

전술한 바와 같이, 퇴역군인사무부의 설립으로 과거 민정부와 인력자원과 사회보장부가 분담하여 관리하던 퇴역군인 관련 업무의 구조는 종말을 고하여, 퇴역군인사무부가 통합적으로 운영하는 퇴역군인사무 행정관리체제가 형성되었다. 그러나 수십 년간 지속된 영도소조가 조정하고 각 부서가 분업하여 협조하던 체제의 유산을 어떻게 개혁해야 할 것인가의 문제는 여전히 과제로 남아 있다. 다만, 퇴역군인 관리보장사무가 여러 부대, 여러 부문과 관련이 있다는 특성을 고려해 본다면, 이러한 영도소조가 조정하고 각 부문이 분업하여 협조하는 체제의 필요성도 완전히 부정하기는 어렵다. 한편, 2018년 2월에 개최된 중국 공산당 제19기 중앙위원회 제3차 전체회의에서는 한 종류의 사항은 원칙적으로 하나의 부문이 총괄하고, 하나의 일은 원칙적으로 하나의 부문이 책임진다는 기구개혁의 원칙을 확정하였다. 이에 따라, 과거와 같이 여러 부서가 분업하여 관리하던 퇴역군인 보장업무의 행정구조는 이를 총괄하는 하나의 부서가 책임지도록 개선하지 않으면 안 되게 되었다. 이와 더불어 과거의 퇴역군인 관리보장체제가 남겨 놓은 잔재를 없애려면, 무엇보다도 지도관리체제에 관한 규율을 재정립할 필요가 있을 것이다.

2) 퇴역군인사무부와 관련 부서사이의 관계의 재정립

퇴역군인사무부가 설립됨으로써 하나의 부문이 퇴역군인 사무를 통솔하고 통합관리하는 체제가 형성되었다. 통합관리는 단독관리가 아니다. 퇴역군인사무부 및 이와 관련된 각 부문과의 관계를 재정립하는 것이야말로, 중국의 퇴역군인 관리보장체제를 보완, 발전시키기 위한 중요한 과제의 하나라고 할 수 있다.

첫째, 인력자원과 사회보장부는 전통적인 퇴역군인사무의 주관부문의 하나이다. 비록 이 부서가 책임지고 있던 군대 전업안치의 직무는 사라졌지만, 퇴역군인을 위한 사회보장관계의 중계, 직업훈련, 취업·창업과 노동권익의 보호 등의 업무는 여전히 인력자원과 사회보장부의 업무와 불가분의 관계에 있다.

둘째, 민정부 또한 전통적인 퇴역군인사무의 주관 부문의 하나이다. 비록 이 부서가 책임지고 담당하던 퇴역군인 무휼우대 안치의 업무는 다른 부서로 이관되었지만, 퇴역군인 및 그 가족의 부조, 복지, 공익자선 및 사단의 관리 등의 업무는 여전히 민정부의 협조를 필요로 한다.

셋째, 국무원의 직속기관으로 2018년 3월에 새로 조직된 국가의료보장국은 의료보험과 의료구조 업무를 맡고 있다. 퇴역군인 및 그 가족의 의료구조 등의 업무는 모두 국가의료보장국의 적극적인 협조를 필요로 한다. 그리고 퇴역한 대학생사병의 복학과 진학 및 퇴역군인의 취업과 창업에 있어서 세수우대 등의 사무는 교육부, 국가세무총국 등의 협조를 받아야 한다. 그러므로 각 부문 간의 관계의 재정립, 즉 퇴역군인사무부가 주도하고 인력자원과 사회보장부, 민정부, 국가의료보장국, 교육부, 국가세무총국 등의 관련부문이 함께 협력하고 참여하는 체계를 재정립하는 것이야말로, 퇴역군인 관리보장체제를 새롭게 보완·발전시키기 위한 매우 중요한 외부적인 요건이라고 할 수 있다. 다만, 서로 협력하고 함께 참여하는 체제를 지향한다 하더라도 각 기구의 주요한 직책과 부문 간의 직책 및 의무관계는 더욱 명확히 할 필요가 있다. 상급의 관리보장기구와 지방정부가 이중적으로 지도하는 관리보장체제를 재정립하여, 퇴역군인사무부와 지방의 퇴역군인 관리 부문이 이중적으로 퇴역군인의 복지보장 업무를 지도하고 책임지는 구조가 유지되도록 해야 할 것이다.

3) 퇴역군인 안치업무 내부관리구조의 최적화

퇴역군인에 관한 업무관리 시스템을 재정립한 후에는 내부 관리구조를 과학적으로 최적화하여, 퇴역군인이 만족할 수 있는 서비스형 보장체제를 수립하여야 할 것이다.

(1) '보장' 기능의 강조

우선, 퇴역군인사무부는 관리보장기구이다. 관리보장기구의 내부구조에서는 무엇보다도 보장의 기능이 부각되어야 할 것이다. 그중에서도 퇴역군인의 복지에 관한 권리, 취업에 관한 권리, 건강에 관한 권리 및 영예에 관한 권리 등과 같은 사회권익에 대한 보장기능이 크게 강조되어야 할 것이다.

(2) '서비스형 보장체제'의 수립

퇴역군인을 위하여 더 나은 서비스를 제공하는 것이 퇴역군인사무부의 기본적인 취지이므로, 서비스의 개념을 전면적으로 부각시켜서 퇴역군인이 만족할 수 있는 서비스형 보장체제를 수립해야 할 것이다. 그리고 퇴역군인에게 더 나은 서비스를 제공하기 위해서는 각 부문의 기능을 더욱 합리적으로 조절할 필요가 있다. 내부적인 관리구조를 재정립하고 조절의 메커니즘을 더욱 강화함으로써, 군대와 군대 사이, 부서와 부서 사이, 정치계와 사회 사이, 그리고 부서 내부의 상호간에 업무의 협조와 조절이 원활하게 이루어지도록 해야 할 것이다.

4) 법치에 따른 퇴역군인 관리보장체제의 확립

국무원에 퇴역군인인사부가 설립됨으로써 오랫동안 민정부와 인력자원과 사회보장부가 분담하여 관리하던 행정체제는 종말을 고하여, 통합적인 퇴역군인 관리보장의 행정체제가 형성되었다. 삼국지에도 나온 바 있는 '분구필합'(分久必合, 분열이 오래

되면 반드시 합쳐진다)의 역사 원칙이 드디어 실현된 것이다. 퇴역군인 관리보장체제가 70여 년간 변화해 온 역사를 보면, 법치화야말로 퇴역군인 관리보장체제를 공고히 하는 초석이라는 것을 알 수 있다. 퇴역군인 관리보장체제가 의지할 법이 있고, 실시할 명령이 있다는 법치의 틀 안에서 운용된다면 개혁의 성과를 더욱 공고히 할 수 있고, 정치적인 변화가 발생하여도 흔들리지 않고 법에 따라 업무를 계속 전개할 수 있을 것이다. 그리고 과거와 같이 반복적으로 쪼개졌다 합쳐졌다 하던 역사의 수렁에 다시 빠져드는 것도 피할 수 있을 것이다.

또한, 퇴역군인 관리보장체제를 국가기구조직법과 연계하여 통일적으로 관리할 필요가 있을 것이다. 그리고 전국의 각 지방에 산재해 있는 퇴역군인 관리업무 및 안치보장에 관한 여러 관련 단행 법률들도 점차로 통합·정리하고 기존의 법령을 현실에 맞게 개정하거나 새로운 관련 법률을 제정하는 작업을 앞으로도 계속 전개해 나아간다면, 각 지방에 존재하는 퇴역군인의 생활보장 수준의 격차도 점점 좁혀질 것으로 기대된다.

한편, 퇴역군인 업무관리의 법치화를 실현하기 위해서는 무엇보다도 퇴역군인 관리보장에 관한 기본법으로서 〈퇴역군인보장법〉을 가능한 한 빨리 제정·실시하여야 한다는 주장이 중국의 학계에서 줄곧 제기되어 왔다. 〈퇴역군인보장법〉에 퇴역군인 관리보장체제의 개혁목표와 기능, 퇴역군인 관리보장의 범위, 형식, 방법 등에 관한 규정을 두어 퇴역군인에 대한 생활보장을 법률의 형식으로 명확히 해야 한다는 것이다. 드디어 2020년 11월 11일에 개최된 전국인민대표대회 상무위원회 제23차회의에서는 대망의 〈중국 퇴역군인보장법〉이 통과되었다. 이에 대하여는 제6장에서 상세히 다루기로 하겠다.

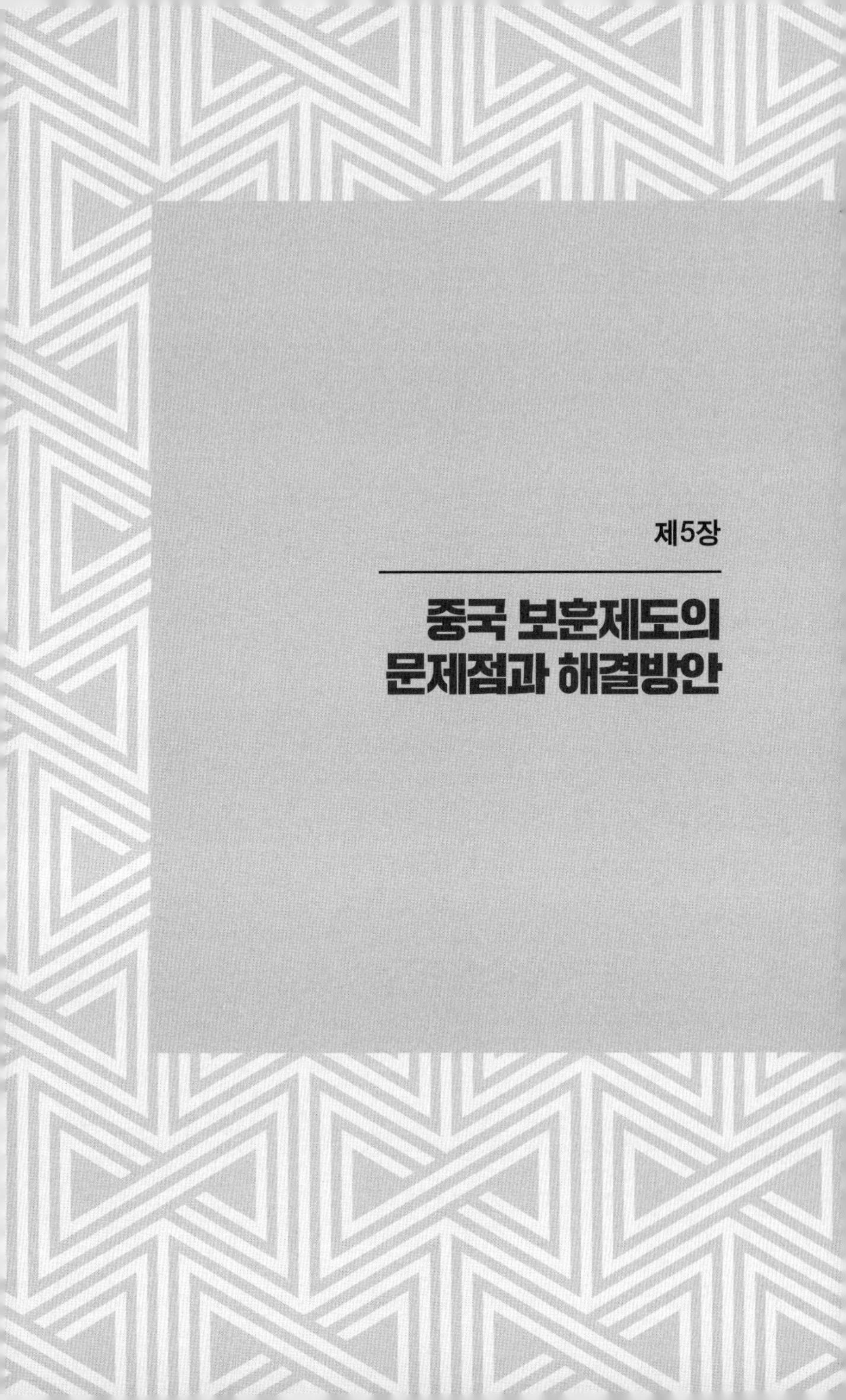

제5장

중국 보훈제도의 문제점과 해결방안

이 장에서는 퇴역군인 안치제도에 관하여 중국에서 제기되어 온 문제점들을 소개하고 그 해결방안도 함께 소개하겠다. 여기에서 소개하는 문제들 중 대다수는 이미 입법을 통하여 해결되었거나 또는 현재 해결 중에 있다. 그럼에도 불구하고 문제점들을 종합 망라하여 소개하는 이유는, 이러한 문제의 제기가 중국뿐만 아니라 우리나라 보훈정책과 보훈제도의 개선에도 조금이나마 도움이 될 수 있을 것으로 생각하기 때문이다.

1. 정치성이 농후한 퇴역군인 관리체제

중국에서 퇴역군인 관리업무는 법치보다는 주로 정치적인 힘에 의하여 실행된다고 지적되고 있다. 중국은 줄곧 퇴역군인 안치제도의 수립을 중요하게 생각하여, 건국 이후 퇴역군인의 안치에 관한 일련의 법률을 제정해 왔다. 그러나 이들 법률에는 원칙적인 내용이 많아서 현실에서는 구체적으로 어느 부서가 어떻게 안치업무를 집행해야 하는지 알기 어려운 경우가 많다. 그리하여 실제 업무에서는 주로 정부가 하달하는 각종 정책문서, 방안과 방법을 통하여 해결하고 있다.

예를 들면, 중국 중앙군사위원회는 매년 군대 전업간부의 안치업무에 관한 회의를 연 후 하부의 각 관련 기관에 통지를 하달하는데, 통지문에는 각급의 당위원회와 각급의 정부가 보훈을 정치적인 임무로서 잘 실행할 것을 요구하는 내용이 적혀 있다. 이러한 상부의 지시를 하달 받은 각급 당 위원회와 각급 정부는 이를 당연히 정치적인 임무로 받아들여 군대 전업간부 안치업무를 진행하게 된다. 그다음에 이들 각급 정부는 다시 각 급별로 군대 전업간부 안치공작회의를 개최하여, 반복적으로 상급기관의 '정신'을 강조한다. 이것이 바로 퇴역군인 안치에 관한 일반적인 업무방식이다. 그 결과, 보훈업무를 주관하는 기구와 이에 협조하는 각 조직은 당연히 이를 중요시하고 일사불란하게 움직이기 때문에 객관적인 효과는 나타난다. 그런데 정치임무를 하달 받은 지방의 각급 정부가 퇴역군인의 안치업무를 중요하게 생각하고 실행한다 하더라도 정책이 불안정하거나 법에 따른 감독이 부실하다면, 법에 의해 보장된 권익에 대하여 퇴역군인이 갖는 기대감은 줄어들게 될 것이다.

중국정부는 법치사회의 건설이라는 목표를 강조하여 왔다. 퇴역군인 안치업무는 일종의 공법상의 행위이며, 공법행위는 마땅히 법에 따라 이를 실행하는 것이 법치가 존재하는 의의라고 할 수 있다. 각급 정부가 공공수탁자로서 시행하는 퇴역군인 안치업무와 이에 협조하는 각 기구는 당연히 법에 따라 이행하여야 할 공법상의 의무가 있는 것이다. 그렇다면 상급 정부는 정치적인 임무를 강조하는 것 보다, 법에 따라 제대로 감독하는 것이 타당할 것이다. 보훈을 계속 정치적인 임무로 생각하고 시행한다면, 사회공중 및 퇴역군인들은 보훈의 문제를 여전히 이성적인 법률의 시각이 아니라, 정치적인 시각에서 정부를 바라보고 안심하지 못하게 될 것이다.

이와 같이 중국의 현행 보훈제도의 실제적인 운용은 여전히 인치(人治)에 의한 방식이 자주 사용되고 있어서, 법치제도의 기본적인 규율을 따르기 보다는 상부의 정신에 의거하여 보훈업무를 진행하는 경우가 많다. 중국의 보훈제도에는 법치주의보다 정책성과 정치성이 충만해 있는 것이다. 정책과 정치의 풍향은 언제든지 바뀔 수 있다.

2. 의무병역제의 문제

우선, 중국의 의무병역제와 의무병에 대하여 다시 한번 간단히 설명하겠다. 현역사병은 의무병역제의 사병과 지원병역제의 사병을 포함하는데, 이중 에서 의무병역제 사병을 의무병이라고 한다(《중국병역법》제25조). 의무병의 현역 복역의 기한은 2년이다(《중국병역법》제26조). 의무병의 현역 복역기간의 끝나면, 군대의 필요와 본인의 자원에 따라 상부의 허가를 받아 군사(軍士)가 될 수 있다. 현역 복역기간에 특별히 우수한 모습을 보인 경우에도 상부의 허가를 받아 군사가 될 수 있다(《중국병역법》제27조).

그런데 제2장에서도 언급한 바와 같이, 인구가 많은 중국에서 의무병역제는 점점 제도의 의의를 잃어 가고 있다. 법에 따라 병역에 복무하는 것이 중국 국민의 영광스러운 의무라고 한다면, 정부는 반드시 이를 관철하여 입대 적령기에 있는 청년들이 병역의 의무를 이행하도록 재촉해야 할 것이다. 그러나 군복무의 적령기에 있는 모든 청년들이 현역에 복역한다면 중국의 국방수요를 초과하기 때문에 현실적으로는 강제하기 어렵다. 게다가 군대의 첨단과학기술화와 직업군인화의 수준이 점점 높아져 가고 있는 상황에서 의무병역제도는 중국의 국방현실과 맞지 않기 때문에, 오히려 이를 규정하고 있는 법률의 권위가 손상되고 있는 것이다. 노고의 대가도 제공하지 않으면서 군대조직에 참가하도록 하는 방식은 시장경제가 활성화되어 가고 있는 중국에서 점점 힘을 잃어가고 있다.

이와 같이 중국이 시행하고 있는 혼합병역제 중에서 의무병역제는 무의미한 것이 되어 가고 있다. 의무병역제의 강제성은 점점 약화일로에 있고, 실제로 많은 중국 젊은이들은 현역에 복역한 경험이 없다. 헌법과 법률이 공언하고 있는 국가를 위한 영광스러운 의무가 도전을 받고 있는 것이다. 이는 중국에서 의무병역제가 실제로는 필수적인 의무가 아니라 차별적이고 선택적인 의무라는 것을 보여준다. 이런 점에서 병역제도를 더욱 현실에 맞게 개편하는 것이 좋을 것이다. 병역제도가 합리적으로 개편되면 특별한 희생이라는 공공비용에 직접적인 영향을 주어, 퇴역군인 안치제도도 더욱 합리적으로 구성할 수 있기 때문이다.

3. 군관 전업안치제도의 문제 및 군관의 직업화

아마도 이 문제는 중국의 군대에서 듣기 싫어하는 문제일 수도 있지만, 공공이익의 입장에서 출발하여 논의한다면 문제를 제기할 가치가 있다고 생각된다. 1998년 1월, 북경대학교 법학원의 하위방(賀衛芳)교수는 《남방주말(南方周末)》이라는 잡지에 "복원 전업한 군인이 법원에 취직하다"("復轉軍人進法院")라는 제목의 글을 실었다. 이 글에서 하교수는 법원이 퇴역군관을 특채하여 일자리를 안배한 군관 전업안치에 대하여 비판을 하였는데, 작지 않은 사회적 파장을 불러 일으켰다. 정부는 관례대로 퇴역군관에게 일자리를 안배해준 것이다. 그런데 관련 공무원시험을 치른 적도 없는 퇴역군관이 법원에 취업함으로써 공무원제도의 권위가 손상되어 버렸다는 비판이 제기된 것이다.

군관의 전업안치는 퇴역군인 안치업무에서 가장 어려운 임무에 속한다. 군관의 전업안치는 군사기관에서 퇴역한 군관을 다른 국가기관 또는 국영기업과 같은 사업조직에 취직시키는 업무조정행위이다. 중국의 국가기관 또는 사업조직은 부서별 책임제도에 따라, 설사 빈 자리가 없더라도 전업군관에게 무리하면서까지 자리를 만들어 주게 된다. 그러므로 어떤 국가기관이나 사업조직이 정치적인 임무에 따라 억지로 빈자리를 만들어 전업군관을 끼워 넣게 되면, 결과적으로는 사람 때문에 직위를 만들어 내는 모양새가 되어 버린다. 그리하여 군관의 전업안치제도는 조직 내부의 다른 직원들의 불만을 사게 되는 경우도 있다.

또한, 누군가 올라갈 자리에 갑자기 퇴역군관이 와서 앉아 있게 된다면, 이는 조직 내의 승진시스템에도 어느 정도 영향을 주게 된다. 게다가 퇴역군관들은 공무원시험을 보지도 않고 공무원의 신분을 획득하거나 또는 사업조직 안에 편제되기 때문에, 힘들게 국가 공무원시험을 준비하고 있는 젊은 대학생들의 불만을 조장하게 되는 것이다. 이와 같이, 군관의 전업안치는 조직내부뿐만 아니라 청년 구직자들로부터도 그다지 크게 환영받고 있다고는 할 수 없다.

중국은 과연 계획경제체제 하에서나 가능했던 국가의 군사적 수요에 복종하도록 강요하던 방식을 계속 고집할 수 있을 것인가? 전업군관에게 국가기관이나 사업조직의 일자리를 안배하는 안치 방식은 정부가 모든 사회적 자원을 통제할 수 있다는 가설을 전제로 하고 있다. 그런데 지금과 같이 시장경제체제도 함께 운용되는 상황에서 정부가 기업이나 사업조직으로 하여금 부서별 책임제의 명목으로 전업군관을 특채하도록 강요하면, 법에 의해 보장된 이들 조직의 자주권은 침해받게 된다. 그리고 정부가 전업군관을 정부기관에 취업시켜서 공무원이 되게 하는 행위는 직접적으로 공무원제도의 기본정신에 위배된다. 공무원제도는 평등한 경쟁의 원칙에 기초하여 능력을 갖춘 사람을 공무원 시험을 통하여 임용하는 제도이기 때문이다. 시장경제체제가 자리 잡은 현 시점에서는 국가의 군사적 수요와 더불어 경제건설의 수요의 문제도 동시에 고려하는 방향으로 퇴역군인 안치제도를 조정해 나아가야 할 것이다. 군사적인 수요만을 지나치게 강조하면 경제사회건설이라는 목표와 충돌하게 된다. 전시에는 군사적 필요성이 정당성과 합리성을 갖겠지만, 이러한 일방적인 정책모델은 평화적인 시기에는 오래 유지되기 어렵다.

요컨대, 원래 전업군관에게 정부조직의 일자리를 안배하는 안치 방식은 계획경제체제에서나 적용될 수 있는 것이지 지금과 같은 사회주의 시장경제체제에는 그다지 적합한 방식이라고 하기 어렵다. 그렇다면, 사회주의체제에 더하여 시장경제체제가 확립된 지금의 중국에서, 퇴역군인 안치의 방식은 일자리 안배, 전업안치의 방식에서 점차로 금전지급의 방식으로 바꾸어 나아가는 것이 더욱 현실에 맞는 방법일 수도 있다. 제2장에서 설명한 바와 같이 금전지급 방식의 보훈은 군인의 특별한 희생을 보상하는 기능이 있다.

군대 복역을 마치고 사회로 복귀하는 퇴역군관은 계속 늘어나고 있는데, 이렇게 규모를 초과한 퇴역군관 안치의 문제는 지방

정부기관 및 사업조직의 고용체계에 심각한 영향을 주고 있다. 퇴역군관이라고 하는 집단과 지방 정부기관 및 사업조직 사이에 갈등이 벌어지고 있는 것이다. 연(連), 영(營), 단(團)* 등의 조직에 소속된 군대간부는 복역연한이 있다. 이 복역연한을 채웠는데도 승진하지 못하면 전업 또는 퇴역해야 하기 때문에 퇴역군관의 수가 늘어나면 늘어날수록 전업안치의 수요도 늘어나게 된다. 이러한 상황에서 군관의 전업안치를 둘러싼 분쟁은 지금도 많이 발생하고 있고, 이러한 추세는 앞으로도 계속 유지될 것으로 보인다.

이러한 맥락에서 퇴역군관의 안치의 규모와 수량을 통제하는 방법의 하나는 군관의 현역 복역의 최저연한을 점차로 늘려서 군관의 직업화제도를 수립하는 것이라는 주장이 있다. 군관의 직업화를 실시한다면 군관 본인이 희망할 경우 퇴직시까지 계속 복역을 할 수 있게 된다. 군관의 직업화제도가 수립되면, 군관은 다른 국가기관의 공무원들과 마찬가지로 직업보장권을 향

---

* 중국인민해방군의 편제는「軍(군)-師(사)-團(단)-營(영)-連(연)-排(배)-班(반)」으로 되어 있다. 세 개의 班은 排를 이루고, 세 개의 排는 連, 세 개의 連은 營, 세 개의 營은 團, 세 개의 團은 師, 그리고 세 개의 師는 軍을 이룬다. 이를 '三三制'라고 한다.

유하게 될 것이다. 군관의 직업화는 부대의 안정에도 좋고, 군관의 전업안치 문제로 인하여 누적된 지방정부의 스트레스도 많이 줄어들게 될 것이다. 또한 군관의 직업화는 군관의 전업안치를 둘러싼 분쟁의 발생도 크게 줄일 수 있다. 다만, 군관의 직업화로 인하여 증가하는 국방예산을 어떻게 조달할 것인가의 문제는 매우 큰 과제와 부담으로 남게 될 것이다. 게다가 승진기한 내에 승진을 하지 못한 현역군관을 제대시키지 않고 월급을 지급하며 군대에서 계속 붙잡아 두는 것도 쉬운 일은 아니다.

4. 보훈의 공평성의 문제

입대 적령기에 있는 청년들이 같은 시기에 입대하거나 군대에서 동일한 업무를 수행했다면, 이들은 제대 후에도 동일하거나 비슷한 보훈의 혜택을 받는 것이 공평하고 타당할 것이다. 그러나 이들이 실제 받는 보훈의 혜택에는 매우 큰 차이가 있어서, 보훈의 공평성이 문제되고 있다.

첫째, 퇴역군인의 절대 다수는 호적지 안치 정책에 따라 일자리를 얻게 되는데, 각 지역의 퇴역안치의 표준은 그 지역의 경제

발전의 수준에 맞추어 설정되어 있어서 매우 큰 차이가 있다. 경제가 낙후된 지역의 취업안치 또는 금전보상의 표준은 경제가 발달된 지역에 비해 낮기 때문에, 퇴역군인에게 좋은 대우를 보장해주기 어렵다. 동일한 기간 동안 동일한 군대에서 복역하고 제대했더라도 퇴역군인의 출신지역에 따라 서로 다른 기준에 의해 서로 다른 불공평한 보훈의 혜택을 받고 있는 것이다. 이에 따라 농촌지역 출신의 퇴역군인들은 차별대우를 받고 있다고 느낄 수 있다. 농촌지역 출신이든 도회지 출신이든 군인의 국가에 대한 공헌은 모두 동일한 것인데, 제대 후에는 왜 출신지를 근거로 차별대우를 받아야 하는가?

이론적으로 볼 때 개개의 군인이 지불한 특별한 희생이라는 자본은 모두 동일하기 때문에, 보훈의 혜택도 마땅히 동일한 방향으로 조정되는 것이 바람직할 것이다. 그러므로 퇴역군인에 대한 보훈은 출신지에 따라 분류하여 행할 것이 아니라, 평등한 보훈의 방향으로 개선되는 것이 타당하다. 퇴역군인에게 국가보상을 함에 있어서 우선적으로 고려해야 할 사항은 복역했다는 사실이지, 군인의 출신지역이 아니기 때문이다. 복역 이전의 상황과 퇴역 후의 보훈 사이에는 아무런 관련성이 없다. 그러므로 평등원칙에 따라 이를 처리하면 중국 보훈정책의 법치화 수준도 올라갈 것이다.

둘째, 퇴역군인 안치보장업무에 관련된 각 기구와 부문이 장악하고 있는 공적 자원에도 차이가 있다. 공적 자원을 비교적 많이 확보하고 있는 기구는 상대적으로 많은 선택의 여지가 있어서 퇴역군인들에게 더 좋은 안치를 보장해 줄 수 있다. 이에 대하여 공적 자원이 부족한 기구는 많은 일자리를 제공하기가 어렵다. 그리하여 퇴역군인의 안치보장업무를 담당하는 기구 또는 부문 사이에서도 불공평의 문제가 발생하게 되는 것이다.

셋째, 군대 전업간부가 제대 후 다른 직업을 갖는 경우 그것이 전업간부가 스스로 선택한 자주적인 취업이 아니라면, 관련 정부기구가 일자리를 찾아주는 것이 퇴역군인안치의 주된 방식이다. 그런데 이는 고용기관과 퇴역군인의 쌍방향 선택이고, 사회에 객관적으로 존재하는 업종별 차이도 무시할 수는 없다. 퇴역군인들은 서로 다른 배경과 사회자본을 가지고 있어서, 퇴역 후 일자리와 복지를 얻어내는 능력에서 차이가 있을 수 박에 없다. 좋은 배경과 우세한 사회자본을 가진 퇴역군인은 정부인맥 등의 수단을 통하여 더욱 좋은 안치의 경로를 따라 가는 경향이 있다. 전업간부의 직업안배에는 인위적인 요소가 작용하고 있는 것이다.

이 점에서 인맥 등의 수단과 기타의 능력이 없으면 제대로 된 보훈의 혜택을 받을 수 없을 것이라고 생각하는 퇴역군인들도 적지 않게 존재하고, 안치의 결과에 따라 상대적 박탈감을 느끼는 퇴역군인들도 있는데, 이것도 퇴역군인들이 안치의 공평성에 회의적인 태도를 갖게 되는 원인의 하나이다. 예컨대, 퇴역군관과 지방정부의 퇴직 공무원의 대우에는 차이가 존재한다. 퇴역군관들은 자신이 받는 대우수준을 지방정부의 퇴직 공무원의 대우수준과 비교하는 경우가 많은데, 이때 상대적인 박탈감을 느끼는 퇴역군관들이 많다. 물론 이러한 문제는 입법적으로 어느 정도 해결되었지만, 현실에서 퇴역군관들이 느끼는 상대적 박탈감은 여전히 존재하는 것이다.

이와 관련하여 군대와 지방정부는 협력을 더욱 강화하여, 군대가 퇴역군인을 위한 각종 경제보상정책과 보상기준을 정할 때에는 지방정부의 인사부, 노동부, 민정부 등의 부문과 함께 협상하도록 하고, 관련부문으로부터 협력을 받아 퇴역군관과 지방정부의 퇴직관료 사이에 존재하는 불공평한 대우의 문제를 제거해 나가면 좋을 것이다.

5. 퇴역군인 취업안치 제도의 개선

중국의 보훈제도는 일자리 안배를 중심으로 운용되고 있고 이와 관련하여 여러 문제점들도 지적되고 있지만, 이것이 전국적으로 널리 시행되고 있는 안치 방식이라는 것은 기정의 현실이기 때문에, 우선은 제도의 틀 안에서 이를 개선해 나아가는 것이 좋을 것이다. 이하에서는 안치의 방식을 둘러싸고 중국에서 오랫동안 제기되어 왔던 문제점과 개선 방안을 소개하고, 이에 대하여 업그레이드된 정보를 바탕으로 해설을 덧붙이도록 하겠다.

1) 융통성 있고 다양한 안치 방식의 개척

"기관, 기업과 사업조직이 직원을 뽑을 때 퇴역군인의 연령과 학력조건이 다른 경쟁자들과 비슷하다면 우선적으로 임용하도록 해야 한다."

중국에서 수십년 동안 제기되어 온 이 문제는 2011년부터 시행된 〈중국 퇴역사병 안치조례〉 제34조에서 입법적으로 해결되었다. 2022년에 공포될 예정으로 있는 〈중국 퇴역군인 안치조례〉(초안)도 이에 관한 규정을 두고 있다. 또한 2021년부터 시행된

〈중국 퇴역군인보장법〉에도 관련 규정을 두고 있으므로 적어도 입법적으로는 이미 해결되었다고 보아야 한다. 현재, 중국정부는 정부기관, 군단조직, 사업조직 및 국유기업이 직원을 채용할 때 퇴역군인에 대해서는 그의 연령과 학력조건을 적당한 선에서 융통성 있게 조절하여 같은 조건이라면 우선 채용하도록 하고 있다. 그리고 퇴역군사와 퇴역의무병이 현역을 복역한 경력은 기층정부에서 일한 경력으로 인정하고 있다(〈중국 퇴역군인보장법〉 제42조).

"정부는 기관과 사업단위가 상이군인을 우선적으로 뽑도록 하고 있는데, 이를 실천에 옮긴 사업조직은 더욱 우대해서 지원해 주어야 한다. 그리고 변방의 소수민족 지역이나 고된 지역에서 복역했던 퇴역군인을 받아들인 조직은 정책적으로 더욱 우대해 주어야 한다."

현재, 중국에서는 노동능력과 취업의 의사가 있는 상이군인에 대하여는 이들이 우선적으로 일자리를 찾을 수 있도록 배려하고 있다. 고된 변방지역에서 복역하고 퇴역한 군인에 대해서도 우선적으로 일자리를 안배하도록 하고 있다(〈중국 퇴역군인보장법〉 제29조, 제40조). 그리고 상이군인이나 고된 변방지역에서 복역했던 퇴역군인을 받아들인 조직은 더욱 우대해야 한다는 주장에 대하여 살펴보자면, 중국은 이와 같은 특수한 신분의 퇴역군인을 콕 집어서 이들을 받아들인 조직을 우대해하는 방식이 아니라, 어떠한 퇴역군인이라도 이들을 받아들인 조직이 국가에서 정한 조건에 부합한다면 세수혜택 등의 우대를 받을 수 있도록 하고 있다(〈중국 퇴역사병 안치조례〉 제24조).

"퇴역군인을 위해 일자리를 제공하는 조직의 범위를 단체기업, 민영기업과 삼자기업에까지 확장하면 불균형한 수요와 공급을 어느 정도 맞출 수 있을 것이다."

일자리 안배 및 전업안치의 경우 취업의 주된 통로는 정부기관, 군단조직, 사업조직 및 국유기업으로, 주로 정부나 국유기업 또는 정부로부터 경영을 위탁 받은 사업체라고 할 수 있다. 이들의 범위를 민간기업에까지 확대하면 퇴역군인들의 취업의 통로는 더욱 넓어지고, 그 결과 안치업무를 담당하는 안치지역 인민정부 퇴역군인공작 주관 부문의 스트레스도 많이 줄어들 것으로 예상된다. 그러나 이 문제에 대해서는 공청회 등을 통하여 민간기업의 생각과 의견을 먼저 들어보는 것이 어떨까 생각한다. 그리고 가능하다면 이러한 안치 방식이 사회에 어떠한 영향을 가져오는지를 파악하기 위하여 특정 지역을 상대로 시뮬레이션을 해보는 것도 좋을 것이다. 만약 시행한다면 우선은 소수의 지역을 시범지역으로 설정하여 실험적으로 운용하여 어떠한 부작용이 있는지를 파악한 다음에 확대 실시 여부를 결정해도 늦지 않을 것이다.

"퇴역군인이 정부로부터 일자리의 안배를 받지 않고 자발적으로 창업하는 경우에는, 창업허가심사, 영업장소의 선택, 창업자금의 융자, 세수문제 등에 대하여 지원과 우대를 해주어야 한다."

현재 중국정부는 퇴역군인이 창업한 기업은 창업을 담보로 하여 융자를 신청할 수 있도록 하고 있으며, 융자이자도 할인해 주는 혜택을 부여하고 있다. 그리고 퇴역군인이 개인 사업체를 경영하는 경우에도 각종 세수 우대정책의 혜택을 받도록 하고 있다(〈중국 퇴역군인보장법〉 제46조).

"현역 복역기간에 보여준 업무태도가 훌륭하고 공적을 세우거나 특수한 공헌을 한 퇴역군인에게는 우대안치를 해야 한다. 예를 들면, 솔선수범하여 공을 세운 경우, 열사의 자녀, 참전한 경력이 있는 경우, 험난한 변방지대나 특수 지역에서 장기간 고되게 복역한 퇴역군인을 우선적으로 우대안치의 대상으로 해야 한다."

이 문제도 〈중국 퇴역사병 안치조례〉 제12조와 제29조, 〈중국 퇴역군인보장법〉제25조 등의 규정 및 〈중국 퇴역군인 안치조례〉(초안)에 의하여 이미 입법적으로 해결되었음을 밝혀 둔다.

"네거티브 리스트를 작성하여 군인이 현역 복역 시에 기율처분을 받은 경우 또는 퇴역군인이 형사처벌을 받거나 치안관리처벌을 받은 경우에는, 대우의 중지, 강등 또는 취소 등 그에 상응하는 징계조치를 해야 한다."

네거티브 리스트는 블랙 리스트보다는 다소 완곡한 표현이지만 문제의 소지가 될 수 있는 용어이다. 다만, 현역군인의 잘못에 대한 법적 처벌의 문제는 이미 퇴역군인 안치관련 법률들에 규정되어 있어서, 이들 조항에 따라 해결하고 있음을 밝혀 둔다.

"군인의 복역 햇수를 계산할 때 복역 햇수를 넘긴 월수의 계산은 그냥 1년으로 계산하는 곳도 있고, 연도를 반으로 나누어 계산하는 곳도 있으며, 6개월 이내이면 1년의 절반으로 계산하는 곳도 있고, 7개월 이상이면 1년으로 계산하는 곳도 있다. 이와 같이 혼란스럽고 차별적인 복역 햇수 계산방법을 통일하여, 복역연한을 넘긴 나머지 월수를 일률적으로 1년으로 계산함으로써 퇴역 후의 대우보장에 조금이라도 도움이 되도록 해야 한다."

현재는 현역의 복역기간이 6개월 미만인 경우에는 6개월로 계산하고, 6개월을 초과하였으나 1년 미만인 경우에는 1년으로 계산하도록 하고 있다(《중국 퇴역사병 안치조례》 제20조).

위에서 살펴본 바와 같이, 중국에서 장기간에 걸쳐 제시되어 온 문제점들은 그 대다수가 입법적으로 해결되었다. 이는 중국의 학자들이 오랫동안 주장해 온 내용들이 안치의 실무현장에 반영된 결과라고 평가할 수 있을 것이다.

2) 취업안치와 기층 정권의 유기적인 협력 메커니즘

중국의 부대는 별의 별 배경을 가진 군인들이 다 모여 있는 곳이다. 생계 문제를 해결하기 위하여 취업의 일환으로 입대하는 청년들도 많은데, 이러한 경우 부모는 자식이 군대에 들어가게 되었다고 폭죽을 터뜨리고 음식을 크게 차려 축하해주기도 한다. 반면에 학력이 매우 높고 우수한 청년들도 군대에 적지 않게 지원하고 있다. 즉, 군대생활이 자신의 취향과 체질에 맞기 때문에 입대하는 우수한 청년들도 많이 있는 것이다. 또한 군대생활이라고 하는 특수한 체험도 해 보고, 제대할 때 받는 퇴역금을 기반으로 사회에 도전해 보겠다는 청년들도 있다. 전반적으로 보자면 중국의 군인들은 부대에서 철저히 훈련을 받았기 때문에, 일부를 제외하고는 대부분 성실한 편이다. 이렇게 우수한 이들이 퇴역한 후에 고향으로 돌아가면, 그 지방의 기층 정권에도 도움이 될 수 있다.

이 점에서 지방 인민정부는 우수한 퇴역군인이 돌아왔을 때 기층 사회의 신 건설과 안정을 위하여 공헌할 수 있는 업무를 제공하면 좋을 것이다. 중국의 정치구조와 정치현실의 측면에서 보자면, 퇴역군인 중에서도 더욱 우수한 인재는 우선적으로 당의 기층조직과 도시와 읍의 커뮤니티 또는 농촌의 촌위원회에서 일할 수 있도록 배치하는 메커니즘을 만들어 가면 지방도시의 발전에도 크게 도움이 될 것이다. 이러한 방식은 공산당을 중심으로 움직이는 중국의 정치구조와 정치현실에 부합하는 방식이라고 할 수 있다.

6. 퇴역군인을 초중고교 교사로 임명하는 문제

2022년 6월 22일, 중국 신화사(新華社)는 중국 국무원 퇴역군인 사무부, 교육부, 인력자원 사회보장부가 〈우수한 퇴역군인이 초중고교에서 교직을 맡도록 촉진하는 것에 관한 의견〉을 공동으로 발표하였다고 보도하였다. 이 〈의견〉은 시진핑 총서기의 교육과 퇴역군인에 관한 중요한 방침을 관철하고 퇴역군인의 취업 통로를 초중고교에까지 확장하여 개척하도록 하는 것을 주요한 골자로 하고 있다. 〈의견〉의 구체적인 내용을 요약하자면 다음과 같다. 즉, 각 대학교가 사범대학 계열의 학과에서 퇴역대학생사병을 위한 과목을 개설하여 퇴역군인이 입학할 수 있도록 하고, 복학하여 전공을 바꾼 퇴역대학생사병의 경우에도 우선적으로 사범과목을 수강하여 공부할 수 있도록 배려한다. 사범학과에 재학중인 퇴역대학생사병은 규정에 따라 교육자금의 보조를 받을 수 있다. 퇴역 연한 등에 따른 연령제한을 풀어주고, 퇴역군인이 군대에 복역하기 직전(1년 이내)에 취득한 초중고교 교사자격시험 증명서의 유효기간은 2년 연장할 수 있다. 퇴역군인교사의 복역 연한은 관련 규정에 따라 연금보험 납부연한으로 계산한다. 초중고교의 행정업무 등 빈 일자리에는 퇴역군관과 퇴역사병을 우선적으로 배정한다. 앞으로 교사자격을 취득할 퇴역군인을 초중고교의 겸직 체육교사 초빙의 범위 안에 넣고, 퇴역군인이 학교의 군사훈련에서 군사훈련교관을 맡도록 한다.

표면적으로 볼 때 이 〈의견〉은 퇴역군인의 취업문제를 해결하기 위한 통로의 하나로써 퇴역군인이 초중고교에서 교사직을 담당하도록 하고 있으나, 실은 매우 계획적이고도 거국적인 정책을 발표한 것이라고 보아야 한다.

첫째, 〈의견〉의 발표로 퇴역군인의 취업의 통로가 확대됨으로써 전국 각지에서 안치보장대우에 불만을 갖고 관련 상부기관에 찾아가서 항의하는 퇴역군인들의 단체행동을 어느 정도는 방지하는 효과를 볼 수 있다.

둘째, 중국정부는 사상교육은 아기 때부터 실시해야 한다는 정책에 따라 세뇌교육을 전개하고 있는데, 군대 복역기간 동안 철두철미하게 세뇌되어 애국심이 매우 강한 우수한 퇴역군인이 초중고교에서 사상교육을 담당하게 되면, 중국은 마르크스주의로 물든 붉은 강산을 계속 유지할 수 있게 된다. 중국의 초중고교에서 진행하는 집체주의 사상교육 하에서 개인의 자유로운 사고는 상대적으로 제한을 받을 수밖에 없다. 그리하여 구성원과 다른 사상을 가지고 있는 학생은 학교에서 생존하기가 쉽지 않게 된다. 즉, 하나의 사상으로 무장하고 집체에 충성하도록 세뇌받고 있는 것이다. 초중고교에서 교직을 담당할 자격을 갖춘 우수한 퇴직군인의 대부분은 대학을 졸업한 후 사회경험이 전무한 상태에서 입대하여 복역을 마친 인재들이라고 할 수 있다. 그러나 그렇기 때문에 이들의 사상은 편협한 애국심으로 가득 차 있어서 매우 폐쇄적이라고 할 수 있다. 이들이 초중고교의 교단에서 마르크스주의, 애당애국(愛黨愛國) 사상 및 시진핑 사상 등을 주입하고 군사훈련을 담당하게 된다면 초중고교의 반군사학교화(半軍事學校化)의 목표는 어렵지 않게 달성할 수 있다. 요컨대, 이 〈의견〉의 근본적인 목적은 어린 학생들을 정권을 지키는 데 이용될 미래의 홍위병으로 배양하는 것에 있는 것이다.

7. 퇴역군인 대우보장제도의 현황과 개혁방안

제1장에서 설명한 바와 같이, 퇴역군인 대우보장제도란 군인이 퇴역할 때와 퇴역한 후에 향유하도록 하는 경제적인 대우이다. 퇴역군인 대우보장제도가 제대로 운용되려면 이를 뒷받침하는 재정이 있어야 한다. 여기에서는 재정 확보의 문제와 운용의 측면에서 제기되고 있는 문제점들을 소개하고자 한다.

1) 대우의 증가방식

첫째, 군인의 기본 월급과 연결하여 기본 월급이 올라가면 이에 따라 함께 올라가는 방식이다. 예를 들면, 정착금 및 생활 보조금, 그리고 퇴역군인이 자주적으로 직업을 선택할 때 지급하는 보조금 등이 있는데, 이들은 모두 기본 월급을 기수(基數)로 하여 계산된다. 둘째, 군대에서 복역한 햇수와 연결하는 방식으로, 복역한 햇수가 늘어남에 따라 받는 액수도 증가한다. 이에는 전업비, 복원비, 백분율로 산정하는 퇴직군인의 생활비 등이 있는데, 이들 모두 복역한 햇수의 장단에 따라 지급기준이 결정된다. 셋째, 지역수당과 연결하는 방식으로 지역수당이 증가하면, 경제보상의 수준도 이에 따라 함께 향상된다.

2) 퇴역군인 대우제도의 문제점

중국의 사회주의 시장경제체제가 점점 발전함에 따라, 국가분배제도와 사회보장제도 등에도 변화가 발생하였다. 이에 따라 현행의 퇴역군인 대우보장제도에도 다음과 같은 문제점들이 나타나게 되었다.

(1) 부족한 예산항목과 증설의 필요성

'주택구입 보조를 위한 예산항목'의 증설

첫째, 주택구입 보조를 위한 예산항목이 부족하다. 군인은 복역기간에 주택 보조금을 받을 수 있지만, 전업군인과 복원군인은 상대적으로 짧은 복역기간을 마치고 퇴역한 경우가 많기 때문에, 이들이 받을 수 있는 주택 보조금은 그다지 많지 않다. 주택 보조금에만 의지해서는 주택의 문제를 해결하기 어려운 것이다. 주택 공동적립금제도도 있지만 주택의 문제를 완전히 해소하기는 어렵다.

독자들의 이해를 돕기 위해 중국의 주택문제에 대하여 조금만 더 설명하도록 하겠다. 약 20년 전까지 중국에서는 복지혜택의 일환으로 사업단위(사업조직)가 직원에게 주택을 마련해 주었다. 예를 들어, 어느 직장에 취직을 하면 그 직장에서 주택을 제공하여 소유권도 이전해 주었다. 그러나 인구가 늘면서 이러한 제도는 더 이상 유지하기 어렵게 되었다. 지금은 사업단위, 즉 직장에 소속된 직원이 자력으로 자금을 마련하여 주택을 구입해야 한다. 사업단위가 직원들의 주거문제를 해결해주기 위해 부동산 개발회사에 위탁하여 아파트 단지를 건설하는 경우도 많이 있는

데, 이 경우에 직원들은 시장가격보다는 어느 정도 저렴하게 아파트를 구입할 수 있다. 대개 일시불로 주택 매매대금을 지급하기는 어려우므로, 일반적으로는 은행을 통해 주택자금을 융자받아 할부로 납부한다.

중국의 군대도 공동투자의 형식으로 주택(대개 아파트임)을 짓거나 주택 적립금을 설립하여 간부들의 주거문제를 해결해 왔다. 그런데 공동투자의 방식으로 주택건설 프로젝트에 참여하게 된 운 좋은 간부는 상대적으로 적고, 주택 적립금의 기준도 비교적 낮아서 군인이 주택을 구입하기란 쉬운 일이 아니다. 퇴역할 때 자기 소유의 주택을 마련한 군인은 상대적으로 적다. 퇴역 후 전업안치로 타지에 가게 된 전업군인은 내집 마련 문제를 놓고 더욱 큰 스트레스를 받을 수 있다. 퇴역군인이 전업안치를 받아서 가게 된 지역이 대도시 또는 중형도시로, 운이 좋게 주택 구입 신청이 수락되었다고 하더라도, 유한한 주택적립금과 보조금만으로는 그 지역의 주택을 구입하기가 쉽지는 않다.

중국군인의 주택구입 수당은 기본수당 계수와 지역수당 계수로 구성되어 있다. 오랫동안 중국은 1999년 당시의 전국 평균 주택가격이었던 2300위안/㎡과 집값이 높은 도시의 주택가격을 참조하여 만든 계수를 적용해 왔다. 그런데 이것으로는 현실적으로 주택을 구입하는 데 어려움이 있으므로, 새로운 방식을 적용해야 한다는 주장이 힘을 얻게 되었다. 새로운 방식의 하나로는, 독립적인 퇴역안치 주택수당의 항목을 신설하여 퇴역군인이 구입하려고 하는 주택의 면적과 전국의 도시와 읍의 부동산의 평균 판매가를 참고하고, 지역 간의 차이를 고려하여 주택구입 보조수당을 산출하는 방식을 들 수 있다. 퇴역군인을 위한 주거지원에 관하여는 제1장에서 설명한 내용을 참고하기 바란다.

'의료비 보조항목'의 증설

둘째, 의료비 보조항목이 부족하다. 복원한 군인과 스스로 취업한 퇴역군인은 수입원이 있기 때문에 병원을 이용하거나 의약품을 구매하는 데 큰 어려움은 없을 것이다. 그러나 퇴역 후 일정 기간 동안 취업을 하지 못하는 군인도 있으므로 이들에게 의료비를 보조해 주지 않으면 신체에 문제가 발생했을 때 제대로 된 치료를 받을 수 없게 된다. 그렇다면 의료보조금 항목을 증설해야 하는데 그 구체적인 방법은 복역한 햇수에 따라 의료 보조금의 기준을 정하는 것이다. 일회성의 금전보상을 사회보장용 개인통장에 지급하고, 이를 사회 의료보장체계에 집어넣는다. 그리고 독성과 유해물질을 다루는 군대에서 장기간 복역했거나 해발 3500m 이상의 지역에서 연속적으로 장기간 복역한 간부와 사관의 경우에는, 복역한 햇수의 장단에 따라 더욱 많은 일회성 의료보조금을 지급하도록 조정해야 할 것이다.

'재취업 훈련을 위한 보조항목'의 증설

셋째, 재취업 훈련을 위한 보조항목이 부족하다. 제1장에서도 설명한 바와 같이, 퇴역군인은 군대생활을 통하여 국방업무를 위해 필요한 특수한 기능은 익혔지만, 군대 이외의 업무에 필요한 지식과 기능은 갖추고 있지 않기 때문에 취업 시 불리한 위치에 있게 된다. 이에 따라 군인은 퇴역 후 재취업을 위하여 대량의 직업교육을 받으면서 새로운 업무에 관한 지식과 기능을 배워야 하는데, 이에 드는 수업료 및 직업훈련비용으로 인하여 취업 시까지 경제적인 타격을 입기 쉽다.

그러므로 취업훈련 보조금 항목을 만들어야 한다. 시장경제에서 인력자원을 포함한 사회자원의 배치는 시장에 의해 조절되고 효율성의 원칙에 따라 운용된다. 사람을 쓰는 조직은 인재를 선발할 때 시장경쟁의 원칙에 따라 효율의 극대화를 목표로 한다. 군대의 특수성으로 인하여 군인은 국방에 필요한 특수한 지식과 기능을 익히지만, 이는 중국 각 지역의 각 업계가 필요로 하는 지식과 기능과는 많은 차이가 있다. 군인은 퇴역 후 인재시장에서의 경쟁에 적응하기 위하여 대량의 새로운 업무를 학습해야 하고 직업훈련을 받아야 하기 때문에, 그에 따른 비용의 지출도 많을 수밖에 없다. 이를 위한 취업훈련 보조금은 복역한 햇수와 취업의 난이도에 맞추어 설계하면 좋을 것이다. 일반적으로 복역한 햇수가 길면 길수록, 그리고 연령이 높으면 높을수록 새로운 지식을 받아들이는 능력은 상대적으로 떨어지기 때문에, 취업 경쟁력도 더욱 떨어질 수밖에 없다. 그러므로 이러한 경우에는 보조금의 액수들 더 높게 설정하는 것이 타당할 것이다. 또한 복역기간이 짧은 의무병의 경우에도 퇴역할 때에는 적당한 수준에서 취업훈련 보조금을 지급해야 할 것이다.

부연설명을 하자면, 퇴역군인은 퇴역할 때 받는 일회성 퇴역비가 있기 때문에 상황이 급박한 경우에는 이를 우선 재취업에 필요한 교육훈련비로 사용함으로써 문제를 해결할 수도 있을 것이다. 그리고 조건에 부합하는 퇴역군인의 경우에는 직업훈련 교육기간에도 앞으로 일할 직장으로부터 각종 대우를 받을 수 있고, 직업기능훈련 보조금을 받을 수도 있다. 게다가 지금은 현급 이상 지방인민정부의 퇴역군인공작 주관 부문이 신규로 호적지에 돌아온 퇴역군인 전원에 대하여 교육훈련을 조직, 진행하고 있으므로 크게 걱정할 필요는 없다. 퇴역사병의 경우, 그가 1년 이내의 기간 동안 직업교육이나 기술훈련을 받게 되면 그 비용은 현급 이상 인민정부가 부담하고, 직업교육이나 기술훈련을 받는 기간이 1년을 초과하게 되면 국가의 관련정책에 따라 비용을 집행하도록 하고 있다(《중국 퇴역사병 안치조례》 제21조). 다만, 퇴역군인이 예상했던 것과는 달리 교육비용이 초과로 지출되는 경우도 있을 수 있기 때문에, 재취업 훈련을 위한 보조항목을 증설하는 것은 복지보장의 관점에서 보면 바람직하다고 생각한다.

(2) 각종 대우보장비용의 조정

지역수당의 문제

중국 군인의 퇴역비 계산의 기수에는 기본 월급과 지역수당이 포함되어 있다. 여기에서 지역수당은 퇴역 시의 월급 수준만 반영되어 있고, 복역기간 중의 업무경력, 특히 변방의 험준한 지역에서의 경력은 오랫동안 반영되지 않았었다.

우선, 지역 생활수당을 퇴역비 계산의 기수로 사용하고 있는 것은 불합리하다는 지적이 있다. 지역 생활수당은 주둔지의 경제발전수준, 물가지수와 주민의 생활비 지출지수 등의 상황을 바탕으로 정해지는데, 이는 물가 상의 보상과 생활 상의 보조라고 할 수 있다. 군인이 현역 복역기간에 초과지출한 부분은 전혀 반영되어 있지 않고, 보상은 현역 복역기간에 받는 월급 속에서 실현되고 있을 뿐이다. 그러므로 지역의 차이를 기수 계산에 반영할 것이 아니라, 이를 단독으로 계산해야 한다. 현재 중국군인의 기본 월급이 한달 총 수입에서 차지하는 비율은 20-35% 정도에 불과하다. 이를 기수로 하여 퇴역비를 계산하게 되면 제대로 된 보상을 받을 수 없기 때문에, 지역수당을 퇴역비 산정의 기수로 넣을 필요가 있다. 또한 티벳과 같은 변방의 고된 지역에서 복역한 군인을 위한 지역수당을 퇴역비 계산의 기수로 할 때, 통일적으로 퇴역 당시의 소재지를 기준으로 계산하는 것도 불합리하다. 변방지역의 경제발전수준과 물가지수는 상대적으로 낮아서 퇴역 당시의 군대 소재지역을 기준으로 지역수당을 계산하게 되면, 변방의 고된 지역에서 근무한 퇴역군인은 불리한 대우를 받게 될 수 있다. 그리하여 만약 현역군인이 집안의 배경이나 군대 내의 인맥을 이용하여 다른 퇴역 지점을 선택하는 것이 가능하다면, 퇴역 직전에 갑자기 더 좋은 전업대우를 받을 수 있는 지역에 위치한 부대로 이동하는 군인도 생길 것이다.

정착보조금의 지급 월수를 늘릴 것

정착보조금의 지급 월수를 늘려야 한다. 예를 들면, 퇴역 후 돌아온 지역에 따라 정착 보조금에 차등을 두는 것이다. 즉, 대도시나 중형 도시에 복원한 경우 군대 복역 햇수가 1년 이상이면 본인 월급의 2개월 분을 지급한다. 현과 일반 시 이하의 지역에 복원한 경우에는 군대에서 복역한 햇수가 1년 이상이면 본인 월급의 3개월 분을 지급한다. 또 하나의 예를 들자면, 군대에서 복역한 햇수가 10년 이하인 경우에는 일회성으로 본인 월급의 4개월 분을 지급하고, 복역 햇수가 10년 이상인 경우에는 매년 1개월 분의 월급을 지급한다. 이렇게 하면 군대 복역 햇수가 10년 이상인 군인은 더 많은 전업비를 받을 수 있고, 현재 시행되고 있는 생활 보조금의 지급 월수의 상한선을 무시할 수 있다.

퇴역비 기준의 상향조정

현재, 군인이 제대할 때 받는 퇴역비의 수준은 중국의 국가 사회보장제도의 개혁에 보조를 맞추지 못한 채 정체되어 있다는 지적이 있다. 군인은 퇴역 후 직업의 전환, 생활비의 해결 등의 문제 이외에도, 의료, 실업, 노후보장, 부상과 사망, 주거 등의 문제에 직면하게 된다. 그런데 현행 퇴역비 제도는 이러한 문제를 제대로 해결하지 못하고 있다. 사실, 퇴역비 제도의 개혁은 군인이 퇴역한 후의 단기적인 생활문제의 해결로 끝나는 것이 아니라, 사회에 복귀한 후에도 계속적이고 종합적으로 보장해주어야 하는 문제이다. 퇴역비 항목을 개선하여 퇴역군인의 생활을 더욱 잘 보장해 준다면, 현역 군인들도 미래에 대한 걱정 없이 안심하고 복역할 수 있을 것이다.

의무병이 받는 퇴역비의 경우에는 그 기준을 다음과 같이 두 부분으로 나누어 설계하면 좋을 것이다. 하나는 퇴역 보조비로 일반 노동자가 2년 동안 받는 기본 월급을 기준으로 보상수준을 정한다. 둘은 지역경제 보상으로, 퇴역 보조금에 변방의 고된 복역지의 지역수당 보조율을 곱하여 계산한다.

(3) 국방예산과의 관계

군대가 퇴역군인을 위하여 생활보장을 해주는 제도는 현역군인이 가질 수 있는 미래에 대한 근심을 해소하는 데 매우 중요하다. 여타 제도와 마찬가지로 퇴역군인 생활보장제도도 완벽할 수는 없다. 국방예산의 관점에서 지적되고 있는 문제로는 다음과 같은 것들이 있다. 첫째, 퇴역군인은 국방비의 지출을 통하여 생활을 보장받게 되는데, 이는 유한한 국방비를 점용하는 것이라고도 볼 수 있다. 그 결과 현역 군인의 대우향상과 군대장비의 현대화에는 소극적으로 작용할 수 있다. 둘째, 군대가 퇴역군인의 생활을 제대로 보장하려면 많은 관리기구를 설립하여야 하고 또 상당히 많은 관리직원을 채용해야 하는 등 대량의 인력, 물자 및 재정을 필요로 한다. 그 결과 국방비 전체의 수요와 공급 사이에 불균형이 발생하여 모순이 격화될 수 있다.

(4) 사회보장제도로서의 퇴역군인 생활보장

중국의 사회보장제도 개혁의 발전추세에 맞추어, 현행의 퇴역군인 생활보장제도를 점점 군대에서 떼어내어 사회의 연금제도와 궤도를 맞추어 가는 것이 타당하다. 퇴역군인 생활보장제도의 전반을 점차로 사회보장체계 속에 집어넣는 것이다. 이렇게 하면 따로 독립된 보장 메커니즘을 만들지 않아도 될 뿐만 아니라, 군대의 인력, 물자 및 재정을 절약할 수 있어서, 군대의 재정적 스트레스도 줄일 수 있다. 이는 또한 퇴역군인에 대한 생활보장정책과 지방정부의 퇴직 공무원에 대한 생활보장정책의 통일을 유도할 수 있고, 사회와 군대의 모든 퇴직자의 심리적, 경제적 안정에도 도움이 될 것이다.

8. 더 나은 지도협력체계의 형성

1) 인민무장부의 이중 지도

퇴역군인과 그 가족들의 합법적인 권리를 유효하게 보장하기 위하여는, 퇴역군인사무부가 더욱 통일적인 지휘권을 발동하여 수직적인 지도체제를 실행하는 것이 중국의 전통과 실정에는 더욱 부합한다. 그런데 퇴역군인 안치업무는 지방 각급 정부의 협조와 지지가 없으면 실현하기 어렵다. 현재, 중국의 현 일급 지역에는 인민무장부가 설치되어 있고, 이 기구가 그 지방정부와 군대를 이중적으로 지도하고 있다. 이러한 이중적인 관리체제는 중국의 정치현실에 비교적 잘 맞는 관리방식이라고 할 수 있다.

2) 기구 간 소통

첫째, 법규와 정책의 집행이 상하로 잘 통하려면, 성·직할시·자치구, 시, 현·구, 향·진의 퇴역군인 관리보장기구가 관련 상부기구의 지도에 잘 대응하면서 업무를 추진해야 한다. 지방정부의 퇴역군인 관리보장기구는 이중적인 지도체계, 즉 행정관계상으로는 지방정부의 지도에 귀속하지만, 업무상으로는 중앙정부의 지도에 따라 업무를 수행하는 체계가 수립되어야 하는 것이다.

둘째, 조직의 비대화에 따른 업무효율저하 현상을 피해야 한다. 현재의 각 관련 조직과 인원의 편제를 합리적으로 통합하면 그동안 늘어난 조직으로 인하여 공무원의 수가 더욱 증가하는 것을 막을 수 있고, 이렇게 하면 기구관리와 운영의 효율성을 높일 수 있다. 중국에서 퇴역군인 안치업무는 매우 강한 정책성을 띠고 있기 때문에, 방대한 조직보다는 오히려 정책을 제대로 이해하고 소통에 능한 공무원 집단이 퇴역군인들을 위한 관리 서비스업무를 주도하는 것이 더욱 효과적일 수 있다.

3) 기구의 권한과 직무의 경계획정

첫째, 각 관련 기구 사이의 권한의 경계획정의 문제를 해결해야 할 것이다. 중국에서 정부기구의 개혁은 권력을 중심으로 하는 개혁이라 할 수 있는데, 권력의 경계획정은 개혁의 중점이자 난제이다. 퇴역군인 관리보장기구의 개혁은 위에서 아래로, 표면에서 내면으로 점점 완성해 나가는 전략으로 부문과 부문 사이, 중앙과 지방 사이의 이익충돌을 해소할 필요가 있다. 먼저

부문 간 직책을 잘 조정한 후, 다시 각 기구가 맡을 업무의 내용을 명확히 해야 한다. 그리고나서 각 대형기구 내부의 각 부서의 업무와 책임을 획정해야 한다.

둘째, 동일한 복역, 불공평한 안치와 같은 문제의 주된 원인은 법의 부존재 때문이라기보다는, 안치업무를 책임지고 관철할 기구들의 업무범위가 불분명하기 때문이다. 그러므로 퇴역군인사무부 및 예하 관련 기관의 업무범위를 더욱 명확히 하여, 상이군인 위문금의 제공, 사망 무휼금, 퇴직금과 참전보조금의 제공, 퇴역사병 직업훈련교육비의 제공 및 감독, 의료서비스의 제공, 취업과 창업서비스, 주거융자 담보의 제공, 퇴역군인에 관한 문서의 관리, 퇴역복지보장의 법적 지원과 상담서비스, 위기발생시 군대 대기인력자원의 관리, 중앙과 지방 각 부문의 소통과 조정 등의 업무가 더욱 원활하게 진행되도록 해야 할 것이다.

9. 퇴역군인 관리체제의 개혁

퇴역군인의 안치는 점점 중국사회가 쉽게 해결하기 어려운 문제로 되어 가고 있다. 그 원인은 여러 가지인데, 대표적인 것 중

하나로는 퇴역군인 관리체제의 낙후성을 들 수 있다. 사회주의 시장경제체제의 개혁이 진행됨에 따라 전통적인 정부주도형, 특히 행정계획의 방법으로 퇴역군인의 일자리를 마련해주고 관리하던 방식은 점점 한계를 드러내고 있다. 군인이 현역을 퇴역한 후의 취업, 생활, 의료 및 노후보장 등을 포함한 업무는 안치업무를 계승한 지방 인민정부가 제공하게 되는데, 중앙정부가 하달한 방침이 제대로 실시되지 않는 경우도 발생하고 있다. 중국정부는 현재의 안치 방식을 시대의 요구에 맞도록 합리적으로 조정할 필요가 있다.

1) 퇴역군인 계획안치 관리체제의 한계

퇴역군인의 직능과 자발성이 무시된 채 안치되는 경우가 많다. 군관 및 도시와 읍 출신 사병의 안치를 중심으로 예를 들어보자. 앞에서도 지적한 바와 같이, 중앙은 매년 안치계획을 세워 성, 자치구, 직할시 정부에 할당한다. 성급 정부의 관련 부문은 본급에서 채용할 인원의 안치임무를 완성한 후, 나머지 임무를 하급 정부에 할당한다. 최종적으로는 각 현급 인민정부가 나머지 안치의 책임을 부담한다. 현급 인민정부의 안치 부문은 동행정구역 내의 취업가능한 일자리를 분석한 후, 국유기업, 사업조직 및 기관단체 등에 안치임무를 할당한다. 국유기업과 사업조직 그리고 기관단체는 상부의 지시에 따라 안치의 대상, 즉 퇴역군인을 받아들이게 된다. 전체적인 안치과정에서 행정명령의 그림자는 어디에나 드리워져 있다. 퇴역군인 안치업무는 관리의 측면이 지나치게 강조되고 있는 반면, 서비스의 측면은 등한시되고 있어서 퇴역군인 개인의 재능이나 의향은 충분히 고려되지 않고 있다. 게다가 퇴역군인의 인재시장, 직업훈련기관, 상부상조의 정신 등 사회조직과 의식의 발육상태는 아직 미숙하여 퇴역군인의 사회화과정에 어려움이 있는 것이다.

2) 퇴역군인 관리체제 개혁의 필요성

경제체제의 개혁과 행정체제의 개혁이 진행되면서, 정부가 지령하는 방식의 안치모델은 한계를 드러내고 있다. 정부는 퇴역군인을 받아들인 조직에 대하여 거시적이고 간접적인 수단을 통하여 지도할 수 있을 뿐이다. 국유기업이 국민경제에서 차지하는 비중은 하락했는데도 여전히 대부분의 안치임무를 책임지고 있어서, 안치의 통로는 좁고 임무는 막중한 이중적인 모순을 안고 있다. 게다가 국가기관, 사업조직 및 국유기업의 내부적인 인사편제는 여유롭지 않아서 퇴역군인의 안치임무를 책임지고 이들을 모두 흡수하기란 쉽지 않은 것이 현실이다. 그리고 중국국민의 권리의식도 점점 높아지면서 정부에 대한 기대수준과 요구도 더욱 높아지고 있다. 이에 부응하여 공무원들의 교양수준과 정부의 행정효율도 제고되어야 할 것이다.

이와 같이 퇴역군인의 안치업무와 사회적 요구 사이의 구조적인 모순은 부단히 확대되고 있다. 게다가 예전과 같이 사업조직에서 주택문제를 해결해 주던 방식은 폐지되었고(이로 인하여 직원들은 스스로 주택을 구입해야 한다), 국가가 책임지던 노후보장보험과 의료보험제도는 국가, 기업 및 개인의 삼자가 분담하여 해결하는 형식으로 바뀌었다. 기업과 사업조직은 효율적인 경영을 위하여 부단히 조직개편을 하므로, 국가로부터 할당 받은 안치의 임무를 제대로 수행하기 어려운 상황에 처하게 되면 퇴역군인도 취업경쟁의 스트레스에서 벗어나기 어렵게 된다. 이들이 직장을 잃어버려도 국가가 이들을 구할 수 있는 특수한 채널은 많지 않다고 보아야 한다.

3) 퇴역군인 관리체제의 재구성

(1) 퇴역군인 관리기능의 개선

계획경제 하에서 정부의 행정지령에 따라 정부기관과 국유기업 등이 퇴역군인의 일자리를 마련해 주던 모델은 이미 시장경제의 요구에 적응하기 어렵게 되었으므로, 시장경제의 조건에 맞는 관리방법을 찾아내야 한다.

첫째는 자발적인 취업과 창업의 촉진이다. 정부는 퇴역군인이 취업할 수 있도록 다양한 방식으로 지원하여, 퇴역군인이 일반사회에 더욱 쉽게 융화될 수 있도록 해야 할 것이다. 이미 실행되고 있는 바대로, 각종 직업훈련제도를 더욱 활성화하고, 채용조건에 부합하는 퇴역군인을 우선적으로 채용하도록 격려하며, 허가절차의 단순화와 세수감면조치 등을 더욱 적극적으로 해 준다면, 퇴역군인의 취업과 창업에 유리하게 작용할 것이다. 이러한 혜택을 관련 법률의 규정에 따라 제대로 실시한다면 퇴역군인의 자발성이 발휘되어 더욱 순조롭게 사회에 적응할 수 있을 것이다.

둘째는 권익의 보호이다. 권익의 보호란 정부가 적극적으로 퇴역군인의 요구에 귀를 기울여 이들의 합법적인 권익을 지켜주는 것을 말한다. 퇴역군인은 국가를 위하여 특수한 공헌을 한 집단으로서, 정부는 이들의 영예가 침해를 받지 않고 종신토록 누릴 수 있도록 보장하여야 한다. 정부는 퇴역군인 집단의 이익의 대변인으로서 퇴역군인이 마땅히 누려야 할 각종 권리와 우대조치에 문제가 발생했을 때, 이들의 합법적인 권익을 보호하기 위하여 적극적으로 노력해야 할 것이다. 이런 점에서 퇴역군인이 개인적으로나 또는 집단을 구성하여 상급기관을 방문하여 진정서를 제출하는 경우, 관련 부서와 책임자는 더욱 진지하게 이들의 요구를 경청하고 해결해 주도록 노력해야 할 것이다.

(2) 퇴역군인 관리방식의 개선

중국정부는 건국초기부터 퇴역군인 관리체제를 수립해 왔다. 개혁개방 이후에는 사회·정치·경제·생활의 변화에 맞추어 상당 부분 개선되었다고는 하지만, 전체적인 방침, 원칙, 정책은 크게 바뀌지 않아 시종일관하여 지령안치와 분류안치의 원칙을 고수해 왔다. 그런데 퇴역군인의 관리업무는 군인이 퇴역한 후의 일자리, 학습, 생활 등 여러 분야를 포함하기 때문에, 단순한 취업 안치만으로는 퇴역군인의 권익을 전면적으로 보장해주기 어렵다. 정부는 퇴역군인 안치업무관리의 새로운 길을 개척하여 시장경제에 걸맞게 퇴역군인을 위하여 취업의 길을 마련하고 이들의 권익을 보장하는 모델을 개선하여, 퇴역군인 관리업무가 더욱 잘 실현될 수 있는 토대를 마련해야 할 것이다. 이를 위하여 국가는 퇴역금, 의료, 노후보장 등 생활보장조치의 문제점을 개선하고 퇴역군인의 재취업과 창업 등의 활동을 격려함과 동시에 사회적인 지원을 많이 이끌어내야 한다. 법규정책을 변화하는 현실에 맞게 부단히 개선하고 인재훈련에 더욱 힘을 쏟으며, 사회의 각 분야가 이를 지지하고 보장할 수 있도록 정부의 기능을 적극적으로 활용하여, 앞으로는 지금까지 주로 지령안배 방식으로 취업안치를 해 온 것을 점점 취업우대와 창업우대의 방식으로 전환해 가면 어떨까 생각한다.

제6장

중국 퇴역군인보장법

2020년 6월에 개최된 제13기 전국인민대표대회 상임위원회 제19차 회의에서는 〈중국 퇴역군인보장법〉(초안)이 심의되었다. 그리고 수정·보완을 위하여 2020년 7월 21일까지 중국 각계각층의 의견을 공개적으로 모집하였다. 대대적인 의견수렴 과정을 거쳐 제정된 〈중국 퇴역군인보장법〉은 초안과 비교해 볼 때 어법적으로 더욱 매끄럽게 다듬어졌고 여러 곳의 내용이 수정·삭제·보완되었다. 드디어 〈중국 퇴역군인보장법〉은 2020년 11월 11일에 개최된 제23기 전국인민대표대회 상무위원회 제23차회의에서 통과되어, 2021년 1월 1일부터 시행되고 있다.

앞에서도 여러 차례 설명한 바와 같이, 오랫동안 민정부와 인력자원과 사회보장부가 분담하여 관리하던 퇴역군인 관리보장 사무의 행정체제는 2018년에 설립된 퇴역군인사무부에 의하여 종말을 고하였다. 이에 더하여 2021년부터는 〈중국 퇴역군인보장법〉이 시행됨으로써, 중국의 퇴역군인 관리업무는 제도적, 법적으로 더욱 크게 보장받게 되었다고 할 수 있다. 〈중국 퇴역군인보장법〉은 퇴역군인의 생활보장에 관한 중국정부의 정책이 고스란히 담겨 있기 때문에, 현재 중국의 보훈제도를 이해하기 위해서는 반드시 참고해야 할 매우 중요한 법률이다. 이 법에는 특히 바로 앞장에서 소개했던 문제점들이 많이 반영되어 있으므로, 핵심적인 내용을 중심으로 가능한 한 상세히 소개하겠다.

1. 중국 퇴역군인보장법의 주요 내용

1) 총칙

이 법에서 말하는 퇴역군인은 중국인민해방군에서 법에 따라 현역을 그만 둔 군관, 군사(軍士) 및 의무병 등의 인원이다(제2조). 국무원 퇴역군인공작 주관부문은 전국의 퇴역군인에 관한 업무를 책임진다. 현급 이상 지방인민정부 퇴역군인공작 주관부문은 본 행정구역의 퇴역군인의 보장업무를 책임진다. 중앙과 국가의 관련기관, 중앙군사위원회의 관련 부문, 지방의 각급 관련기관은 각자 직책의 범위 내에서 퇴역군인의 보장업무를 잘 행하여야 한다. 군대 각급의 퇴역군인 관련업무를 책임지는 부문과 현급 이상 인민정부 퇴역군인공작 주관부문은 마땅히 서로 긴밀하게 협조하여 퇴역군인 보장업무를 잘 행하여야 한다(제7조). 퇴역군인업무에 필요한 경비는 중앙과 지방의 재정으로 공동 부담한다. 퇴역안치, 교육과 훈련, 무휼우대의 자금은 주로 중앙의 재정으로 부담한다(제9조).

2) 인수인계

안치지역 인민정부의 퇴역군인공작 주관부문은 퇴역군인을 인수할 때 퇴역군인에게 퇴역군인우대증을 발급한다(제15조). 군인이 원래 소속된 부대는 군인이 퇴역할 때 그 인사관련 문서를 제때에 안치지역 인민정부 퇴역군인공작 주관부문에 이첩한다(제16조). 안치지역 인민정부의 공안기관은 국가의 관련 규정에 따라 제때에 퇴역군인을 위하여 호적등기를 행하고, 동급의 퇴역군인공작 주관부문은 이에 협조해 주어야 한다(제17조). 퇴역군인이 원래 소속된 부대는 관련 법률과 법규의 규정에 따라, 퇴역군인 및 종군가족의 미취업 배우자의 양로, 의료 등의 사회보험관계와 이에 상응하는 자금을 제때에 안치지역의 사회보험 처리기구에 전입하여야 한다. 안치지역 인민정부의 퇴역군인공작 주관부문은 사회보험 처리기구 및 군대의 관련부문과 긴밀히 협조하여, 법에 따라 사회보장관계와 이에 상응하는 자금 이전의 접속업무를 잘 행하여야 한다(제18조). 인수인계 과정에서 현역 복역과 관련된 문제가 발생한 경우에는, 그 군인이 소속된 부대가 책임지고 처리한다. 안치와 관련된 문제가 발생한 경우에는, 안치지역 인민정부가 책임지고 처리한다. 그 밖의 인수인계와 관련된 문제는 안치지역 인민정부가 책임지고 처리하고, 그 군인이 소속된 부대가 협조한다(제19조).

3) 퇴역안치

정부기관, 단체조직, 기업과 사업조직 및 사회조직은 법에 따라 퇴역군인을 접수하여 안치하고, 퇴역군인은 안치를 받아들여야 한다(제20조). 퇴역한 군관에 대하여, 국가는 퇴직, 전업, 매월 퇴역금의 지급, 복원 등의 방식으로 합당하게 안치한다(제21조). 퇴역한 군사(軍士)에 대하여, 국가는 매월 퇴역금의 지급, 자주적인 취업, 일자리 안배, 퇴직, 공양 등의 방식으로 합당하게 안치한다. 법에 규정된 현역 복역의 햇수를 채우고 매월 퇴역금 지급의 방식으로 안치된 경우에는, 국가의 관련 규정에 따라 매월 퇴역금을 수령한다. 법에 규정된 현역 복역의 햇수를 채우지 않고 자주적인 취업의 방식으로 안치된 경우에는, 일회성 퇴역금을 수령한다(제22조).

퇴역의무병에 대하여, 국가는 자주적인 취업, 일자리 안배, 공양 등의 방식으로 합당하게 안치한다. 자주적인 취업의 방식으로 안치된 경우에는 일회성 퇴역금을 수령한다. 일자리 안배의 방식으로 안치하는 경우에는, 의무병이 현역 복역기간에 행한 공헌, 특기 등에 근거하여 안치지역 인민정부가 일자리 안배를 책임진다. 공양의 방식으로 안치하는 경우에는 국가가 평생 공양한다(제23조).

전업군관, 일자리를 안배 받은 군사와 의무병은 기관, 인민단체, 사업단위 및 국유기업이 인수하여 안치한다. ① 참전한 경력이 있는 퇴역군인, ② 작전부대의 사단, 여단, 군단, 영(營)급 단위가 주관하는 전업군관, ③ 열사의 자녀, 공신(功臣)의 모범을 보인 퇴역군인, ④ 장기간 고된 변경지역 또는 특수한 업무조직에서 현역에 복역한 퇴역군인에 속하는 경우에는 우선적으로 안치한다(제25조). 이중 에서 ①, ③, ④ 및 조건에 부합하는 퇴역군인은 이사함에 따라 전학·입학을 할 필요가 있는 경우의 관련수속은, 안치지역 인민정부의 교육행정부문에 의해 우선적으로 보장받는다(제29조).

매월 퇴역금을 수령하는 방식으로 안치된 퇴역군관과 군사 또는 공무원으로 채용되거나 사업조직의 직원으로 초빙된 경우에는 채용되거나 초빙된 다음 달부터 퇴역금의 지급을 정지하고, 그 대우는 공무원 및 사업조직 직원의 관리에 관한 관련 법률과 법규에 따라 집행한다(제27조).

군대의 관련 부문은 부상당한 퇴역군인과 상이 퇴역군인을 제때에 안치지역의 인민정부에 인계하여 안치하여야 한다. 안치지역의 인민정부는 부상당한 퇴역군인과 상이 퇴역군인의 주택, 의료, 건강회복, 돌봄 및 생활의 어려움을 합당하게 해결하여야 한다(제28조).

4) 교육과 훈련

군인이 퇴역하기 전에, 소속부대는 군사임무의 완성을 보증하는 것을 전제로 하여 부대의 특징과 조건에 따라 직업기능 준비훈련을 제공할 수 있고, 고등교육 독학시험과 각종 고등교육기관이 실시하는 고등학력 계속교육 및 지식개척, 기능인정 등 비학력 계속교육에의 참가를 조직할 수 있다. 부대가 소재하는 현급 이상 지방인민정부의 퇴역군인공작 주관부문은 현역군인의 소속 부대가 전개하는 교육과 훈련을 위하여 지지와 협조를 제공하여야 한다(제33조). 퇴역군인이 학력교육을 받을 때에는 국가의 관련 규정에 따라 학비와 학자금 보조 등 국가 교육지원정책을 향유한다. 고등교육기관은 국가의 통괄적인 안배에 따라 별도의 계획을 통하여 단독으로 학생을 모집하는 등의 방식으로 퇴역군인에게 시험을 치르게 하여 모집할 수 있다(제34조).

현역군인이 군대에 입대하기 전에 이미 일반 고등교육기관에 합격하였거나 일반 고등교육기관에 취학하여 재학 중인 학생은, 현역 복역기간에 입학자격 또는 학적을 유지하고, 퇴역 후 2년 이내에 입학하거나 복학하는 것을 허가하며, 국가의 관련 규정에 따라 같은 학교의 다른 학과 전공으로 바꾸어서 공부할 수 있다. 석사연구생 시험에 등록할 만한 조건에 달한 경우에는, 국가의 관련 규정에 따라 특혜정책을 향수한다(제35조).

국가는 일반 고등교육기관, 직업 전문학교와 대학교(기능공 전문학교 포함), 전문훈련기구 등의 교육자원의 힘을 빌려 이를 지지하며, 퇴역군인을 위하여 직업기능훈련을 제공한다. 법정 퇴직연령에 이르지 못한 퇴역군인이 취업 또는 창업을 할 필요가 있는 경우에는, 직업기능훈련 보조금 등의 상응하는 지원정책을 향수할 수 있다. 군인이 현역을 그만둔 경우, 안치지역 인민정부는 취업의 수요에 근거하여 무료로 직업교육, 기능훈련에 참가하도록 조직하여야 하고, 시험과 심사에 합격한 경우에는 그에 상응하는 학력증서, 직업자격증서 또는 직업기능등급증서를 발급하고 취업을 추천한다(제36조).

5) 취업과 창업

현역 복역기간에 전쟁, 공무, 질병으로 인하여 장애인 등급판정을 받았거나 퇴역 후 장애인 등급으로 보충판정 또는 재차판정을 받은 상이 퇴역군인이 노동능력이 있고 취업의 의사가 있는 경우에는, 국가가 규정한 신체장애자의 취업 특혜정책을 우선적으로 향유한다(제40조). 공공인력자원 서비스 기구는 퇴역군인을 위하여 직업소개, 창업지도 등의 서비스를 무료로 제공한다. 국가는 경영 능력을 가진 인력자원 서비스 기구와 사회조직이 퇴역군인의 취업과 창업을 위하여 무료 또는 특혜 서비스를 제공하는 것을 격려한다(제41조).

정부기관, 단체조직, 사업단위와 국유기업은 직원을 채용 또는 초빙할 때 퇴역군인의 연령과 학력조건에 대하여 적당히 융통성 있게 처리할 수 있고, 동등한 조건이라면 퇴역군인을 우선적으로 채용하거나 초빙한다. 퇴역한 군사와 의무병이 현역에 복역한 경력은 정부 기층조직에서의 업무경력으로 간주한다(제42조). 군인이 현역에 복역한 햇수는 업무 햇수로 계산하고, 퇴역 후에 소속된 조직에서 일한 햇수와 누적하여 계산한다(제44조).

퇴역군인 및 그가 창업한 소형기업은 국가의 관련 규정에 따라 창업담보융자를 신청할 수 있고, 아울러 융자이자의 할인 등의 융자 특혜정책을 향수한다. 퇴역군인이 개인 사업체 경영에 종사하는 경우에는 세수우대정책을 향수한다(제46조).

6) 무휼우대

각급 인민정부는 보편적인 특혜와 특혜 중첩의 원칙을 견지하여, 퇴역군인이 보편적인 특혜와 공공 서비스를 향수하도록 보장하는 기초에서, 현역에 복역한 기간 동안 공헌한 것과 각 지역의 실제 상황을 결합하여 우대를 제공하여야 한다. 참전한 경력이 있는 퇴역군인에 대하여는 우대의 기준을 높여야 한다(제48조).

국가는 점차로 퇴역군인 무휼우대제도의 도시와 지방 사이의 차이를 없애고, 지역 차이를 축소하며, 전면적으로 형평한 무휼우대 양화표준체계를 수립한다(제49조). 퇴역군인은 법에 따라 양로, 의료, 실업, 업무상 재해, 출산 등의 사회보험에 가입하며, 아울러 그에 상응하는 대우를 향수한다. 퇴역군인의 현역 복역 햇수와 입대 전이나 퇴역 후에 가입한 직공의 기본양로보험, 직공기본의료보험, 실업보험의 금액납부 햇수는 법에 따라 합병하여 계산한다(제50조). 퇴역군인이 주택 우대안치의 조건에 부합하는 경우에는, 시장구매와 군대-지방정부의 집중적이고 통일적인 건설을 결합하여 실행하며, 안치지역 인민정부가 총괄적으로 계획하여 과학적으로 실시한다(제51조). 군대의 의료기구, 공립의료기구는 퇴역군인이 진료를 받을 수 있도록 우대 서비스를 제공하여야 하며, 참전 경력이 있는 퇴역군인, 상이 퇴역군인에게 혜택을 주어야 한다(제52조). 퇴역군인은 퇴역군인우대증 등 유효한 신분증으로 공중교통, 문화와 여행 등의 우대를 향수하며, 그 구체적인 방법은 성급 인민정부가 제정한다(제53조). 각종 사회복지기구는 노령의 퇴역군인과 상이 퇴역군인을 우선적으로 받아들여야 한다(제54조). 국가는 퇴역군인을 부조하고 원조하는 메커니즘을 수립하여, 양로, 의료, 주택 등의 분야에서 생활이 어려운 퇴역군인에게 국가의 관련 규정에 따라 부조와 원조를 제공한다(제55조). 상이 퇴역군인은 법에 따라 무휼을 향수하며, 그 기준은 국무원의 퇴역군인공작 주관부문이 국무원의 재정 부문과 함께 국가 경제사회의 발전수준, 소비물가수준, 전국 성진 단위(조직)의 취업자의 월급수준, 국가재정능력의 상황 등의 요소를 종합적으로 고려하여 확정할 것이다. 상이군인 무휼금은 현급 인민정부 퇴역군인공작 주관부문이 발급한다(제56조).

7) 표창과 격려

퇴역군인이 현역에 복역한 기간에 표창과 장려를 받은 경우에는, 퇴역 후 국가의 관련 규정에 따라 그에 상응하는 대우를 향수한다(제57조). 퇴역군인을 안치하는 지방 인민정부는 퇴역군인을 받아들일 때, 영접의식을 거행하여야 한다. 영접의식은 안치지역의 인민정부 퇴역군인공작 주관부문이 책임지고 실시한다(제58조). 지방 인민정부는 퇴역군인의 가정을 위하여 영예패를 걸어야 하고, 정기적으로 방문하여 위문하는 활동을 전개하여야 한다(제59조). 국가, 지방정부와 군대가 중대한 경축 활동을 거행할 때에는 퇴역군인의 대표를 초청하여 참가하도록 하여야 한다. 초청받은 퇴역군인이 중대한 경축 활동에 참가할 때에는 퇴역 당시의 제식복장을 착용할 수 있으며, 현역 복역 기간과 퇴역

후에 영예롭게 수령한 훈장, 공로훈장, 기념장 등의 휘장을 패용할 수 있다(제60조).

정부기관, 단체조직, 기업과 사업단위 및 사회조직은 애국주의교육과 국방교육을 전개함에 있어서 퇴역군인을 초청하여 협조하도록 할 수 있다. 현급 이상 인민정부의 교육행정 주관부문은 학교의 국방교육활동을 조직하여 전개함에 있어서 퇴역군인을 초청하여 학교의 국방교육에 참가하도록 할 수 있고, 학교는 퇴역군인을 초청하여 학생군사훈련에 참여하도록 할 수 있다(제61조). 정부기관, 인민단체, 기업과 사업조직 및 사회조직은 퇴역군인을 초청하여 국방교육을 전개하는 데 협조하도록 할 수 있다. 국가는 군인 공동묘지의 건설을 추진한다. 조건에 부합하는 퇴역군인이 사망하면 군인공동묘지에 안치할 수 있다(제64조).

8) 서비스 관리

국가는 퇴역군인 서비스 기구의 건설을 강화하고, 건전한 퇴역군인 서비스체계를 수립한다. 현급 이상 인민정부는 퇴역군인 서비스센터를 설립하고, 향진, 가도(街道), 농촌 및 도시 커뮤니티는 퇴역군인 서비스 지점을 설립하여, 퇴역군인 서비스 보장

능력을 높인다(제65조). 현급 이상 인민정부 퇴역군인공작 주관부문, 안치를 인수한 단위 및 기타 조직은 퇴역군인의 비밀유지와 관리를 강화하여야 한다(제68조). 현급 이상 인민정부의 퇴역군인공작 주관부문은 건전한 퇴역군인 권익보장의 메커니즘을 수립하여, 요구를 호소하는 통로가 막힘없이 잘 통하게 하고, 퇴역군인이 그의 합법적인 권익을 보호하도록 지지와 도움을 제공하여야 한다. 퇴역군인의 합법적인 권익이 침해를 받은 경우에는 법에 따라 해결하여야 한다. 공공법률 서비스 관련기구는 법에 따라 법률지원 등 필요한 도움을 제공하여야 한다(제70조).

현급 이상 인민정부의 퇴역군인공작 주관부문은 법에 따라 관련 부문과 단위가 퇴역안치, 교육과 훈련 및 취업과 창업, 무휼우대, 표창과 격려, 군대를 옹호하고 혁명 군인가족을 우대하기 등의 업무를 잘 실행하도록 지도하고 독촉하며, 퇴역군인의 보장과 관련한 법률과 법규 및 정책조치의 수행상황을 감독·검사하고, 퇴역군인 보장업무 중에 존재하는 문제의 해결을 추진한다(제71조). 퇴역군인 보장정책을 제대로 수행하지 않거나 업무추진에 힘쓰지 않는 지역과 단위에 대하여는, 성급 이상 인민정부의 퇴역군인공작 주관부문이 관련 부문과 함께, 그 지역 인민정부의 주요한 책임자 또는 그 단위의 주요한 책임자에 대하여 상담예약을 할 것이다(제72조). 퇴역군인 보장업무 중 본법을 위반한 행위에 대한 적발과 고발에 대하여, 관련기관과 부문은 법에 따라 제때에 처리하고 아울러 그 처리결과를 적발자와 고발자에게 고지하여야 한다.

9) 법적 책임

퇴역군인공작 주관부문 및 그 직원이 아래에 열거된 것 중 하나에 해당되는 경우에는 그 상급 주관부문이 시정을 명하고, 직접 책임이 있는 주관(主管) 직원과 기타 직접 책임이 있는 직원은 법에 따라 처분한다(제75조).

규정에 따르지 않고 퇴역군인의 안치대우를 확정한 경우
퇴역군인 안치업무 중 허위문서를 제시한 경우
조건에 부합하지 않은 사람에게 퇴역군인우대증을 발급한 경우
퇴역군인 보장업무의 경비를 유용, 횡령, 나누어 가진 경우
규정을 위반하여 무휼우대의 대상, 표준, 액수를 확정하거나 퇴역군인 관련 대우를 발급한 경우
퇴역군인 보장업무 중 직무 상 편의를 이용하여 자신이나 타인

을 위하여 사리를 취한 경우

퇴역군인 보장업무 중 실직, 독직(瀆職)한 경우

그 밖의 법률과 법규를 위반한 행위가 있는 경우

퇴역군인이 허위로 퇴역 관련 대우를 편취한 경우에는 현급 이상 지방 인민정부 퇴역군인공작 주관부문이 관련 대우를 취소하고 불법소득을 추징하며, 아울러 그 소재지 조직단위 또는 관련 부문이 법에 따라 처분을 내린다(제78조). 퇴역군인이 법을 위반하여 범죄를 저지른 경우에는 성급 인민정부의 퇴역군인공작 주관부문이 국가의 관련 규정에 따라, 중지, 강등하거나 또는 그 퇴역과 관련한 대우를 취소한다. 퇴역군인이 성급 이상 지방인민정부의 퇴역군인공작 주관부문이 내린 중지, 강등 또는 관련 대우의 취소결정에 불복하는 경우에는, 법에 따라 행정심판을 신청하거나 행정소송을 제기할 수 있다(제79조). 본법의 규정을 위반하여 치안관리를 위반한 행위를 구성하는 경우에는 법에 따라 치안관리처벌을 내린다. 범죄를 구성하는 경우에는 법에 따라 형사책임을 추궁한다(제80조).

10) 부칙

중국 인민무장경찰부대에서 법에 따라 현역을 마친 경관, 경사 및 의무병 등의 인원에는 이 법을 적용한다(제81조). 본법이 시행되기 전에 이미 자주적인 직업선택의 방식으로 안치된 퇴역군인의 대우보장은 국무원과 중앙군사위원회의 관련규정에 따라 집행한다(제84조). 본법은 2021년 1월 1일부터 시행한다(제85조).

2. 평가

1) 입법적인 해결의 도모

이상, 〈중국 퇴역군인보장법〉의 핵심적인 내용을 소개하였다. 이 법은 본서에서 소개한 중국 퇴역군인 안치제도의 많은 문제들을 입법적으로 해결하고 있다. 그동안 많은 중국 학자들이 해결해야 할 과제로 지적해 왔던 문제들과 이 법에서 조문의 형식으로 해결한 것들을 간단하게 요약하자면 다음과 같다. 즉, ① 퇴역군인 업무에 필요한 경비의 부담 주체(중앙과 지방), ② 참전

용사, 공을 세운 군인, 고된 지역에서 복무한 군인에 대한 우대 안치의 문제, ③ 상이군인에 대한 특별한 배려, ④ 직업훈련교육의 안배와 학력교육에 대한 학자금 지원정책의 문제, ⑤ 퇴역군인의 연령과 학력조건에 대한 융통성 있는 처리와 다른 경쟁자들과 동등한 조건에서 우선적인 채용, ⑥ 군대에서 복역한 햇수를 업무 햇수로 인정, ⑦ 창업담보융자 및 세수우대, ⑧ 군인 공동묘지에의 안치, ⑨ 퇴역군인 관리부문의 위법행위에 대한 고발조치 및 조사결과의 고지, 그리고 뒤에서 설명할 ⑩ 퇴역군인 안치관련 분쟁의 법적 해결의 통로로서 행정심판 또는 행정소송을 명시(성급 이상 인민정부 퇴역군인공작 주관부문이 내린 처분에 한함). 이와 같이, 그동안 제기되어 왔던 문제들의 다수가 본 법률에 의하여 입법적으로 수용·해결되었음을 알 수 있다.

2) 분쟁의 법적해결 통로

(1) 전통적인 분쟁해결의 통로

퇴역군인의 안치문제를 둘러싼 분쟁은 나날이 증가하고 있다. 이러한 분쟁은 퇴역군인과 이 퇴역군인의 출신지 지방정부 사이에서 주로 많이 발생하는데, 이때마다 퇴역군인들은 상급부서를 찾아가 진정서를 제출하는 등의 방식으로 문제점을 반영시키는 경우가 대부분이고 다른 법적인 해결통로를 이용하는 경우는 매우 드물다. 원래는 퇴역군인의 안치문제를 둘러싼 분쟁의 해결에 관한 내용을 하나의 독립된 장에 할애하여 설명하려고 하였으나 지면관계상 하지 못하였으므로, 이에 관한 현실적인 문제점을 간단하게나마 소개하고자 한다.

관련기관을 찾아가 요구사항을 구두로 전달하거나 진정서를 제출하는 방식은 중국인들이 애용하는 방식이다. 그런데 현실에서는 관련기관에 불만을 토로한 사람은 오히려 행정기관에 의해 보복을 당하는 경우가 비일비재하다. 다수가 집단을 구성하여 찾아가면 보복을 당하는 경우는 상대적으로 적기는 하지만, 결국은 행정권의 발동으로 제압을 당하기도 한다. 문제 자체를 해결하려고 하기 보다는 문제를 제기한 사람을 해결하는 데 더욱 힘을 쓰고 있는 형국인 것이다. 퇴역군인들은 한때 국방을 위하여 복역했던 사람들로 일반 시민들과는 다른 특수한 신분에 있으므로, 이들의 문제가 사회에 노정되면 매우 큰 파장을 불러일으키게 된다. 사태가 커지면 중국정부가 막대한 비용을 지불해서라도 얻으려고 하는 사회적 평온의 유지에 문제가 생기기 때문에 어떻게 해서라도 입막음을 하려고 한다. 심지어 문제 제기자를 아예 진압해 버리기도 하는데, 중국 이외의 해외언론 보도에 따르면 문제 제기자가 소리소문 없이 '증발'되는 경우도 있다고 한다. 정부에 불리한 소식은 결코 신문기사화 될 수 없고 인터넷상에 나돌아다니는 것도 허용되지 않는다. 정부에 불리한 소식이 만에 하나라도 인터넷상에 등장하면, 인터넷 경찰에 의하여 즉시 삭제됨과 동시에 해당 소식을 올린 사람의 SNS 계정은 봉쇄되어 버린다. 더 나아가 경우에 따라서는 경찰로부터 차 한잔 마시며 대화하자는, 겉으로는 다정해 보이나 실상은 매우 공포스러운 상담 예약의 통지를 받기도 한다. 이것이 현재 중국의 엄연한 정치현실이다.

현재 중국에는 약 5700만 명의 퇴역군인이 있다. 이들은 전국적으로 거대한 특수 집단을 구성하고 있기 때문에 매우 특별한 사회적 평온유지의 대상이 되어 버렸다. 사회 분위기가 불안하면 불안할수록 이들은 더욱 특별한 감시를 받게 된다. 그리하여 경우에 따라서는 문제를 감히 제기하지 못하도록 강압적인 수단이 사용되기도 하는 것이다. 문제를 제기한 사람의 입을 초기에 막아 버리면, 제기된 문제의 해결을 위해 드는 막대한 비용과 시간을 줄일 수 있기 때문이다. 예를 들면, 2021년 9월 15일에는 거주지의 이전문제에 불만을 가진 퇴역군인 137명이 북경에 소재한 중앙군사위원회 신방국을 방문하였는데, 중앙군사위원회는 오히려 현지 경찰을 대대적으로 동원하여 진압한 후 모두 색출해내어 구류조치하여 버렸다. 사실 상부기관을 찾아가 의견을 반영시키는 퇴역군인은 사회적 약자라고 보아야 한다. 왜냐하면 '꽌시' 사회(인맥사회)로 알려져 있는 중국에서는 인맥이 있고 권력이 있는 사람은 상부기관을 찾아가서 불만을 제기하지 않는다. '꽌시'(인맥)를 이용하여 해결하면 그만이기 때문이다.

(2) 행정심판과 행정소송

〈중국 퇴역군인보장법〉제79조는 "퇴역군인이 성급 이상 지방인민정부의 퇴역군인업무 주관부문이 내린 중지, 강등 또는 관련 대우의 취소결정에 불복하는 경우에는, 법에 따라 행정심판을 신청하거나 행정소송을 제기할 수 있다"고 규정하고 있다. 즉, 퇴역군인이 퇴역군인의 복지에 관한 업무를 담당하는 행정부서의 조치에 불복하는 경우에, 이러한 분쟁을 해결할 수 있는 법적 통로로서 행정심판과 행정소송을 명문화한 것이다.

전통적으로 중국에서는 보훈조치에 불만이 있는 경우 상부기관에 진정서를 제출하여 이를 해결하려는 퇴역군인이 많기 때문에, 이들도 행정심판이나 행정소송을 제기할 수 있도록 〈행정소송법〉을 개정하여 정부의 퇴역군인 안치업무가 소송을 제기할 수 있는 행정행위의 범위에 속한다는 것을 명확히 하여야 한다는 주장이 제기되어 왔다. 그러나 이러한 규정이 없어도, 퇴역군인이 거주하는 호적 소재지 정부가 법에 따라 공평하게 보훈을 행하는 것은 법에 규정된 의무이고, 지방 인민정부가 행정주체로서 퇴역군인에게 행하는 안치업무는 구체적인 행정행위에 해당한다고 보아야 한다. 그렇다면 퇴역군인은 공평하고 합법적인 보훈의 혜택을 받을 권리가 있는 것이고, 정당한 법익이 침해당했을 때 당사자인 퇴역군인은 당연히 행정심판이나 행정소송을 제기할 자격이 있는 것이다. 〈중국행정심판법〉제6조와 〈중국행정소송법〉제20조는 중국국민이 행정기관에 무휼금, 사회보험금 또는 최저생활보장비를 신청했는데도 행정기관이 지급을 하지 않은 경우에는, 행정심판 또는 행정소송을 제기할 수 있음을 명확히 하고 있다.

비록 성급 이상 지방인민정부의 퇴역군인업무 주관부문이 내린 중지, 강등 또는 관련 대우의 취소결정에 한정되어 있기는 하나, 이에 불복하는 경우에 행정심판을 신청하거나 행정소송을 제기할 수 있도록 한 규정은 퇴역군인이 보훈관련 문제를 진정서 제출의 방법 말고 행정사법기관을 통하여 해결하도록 유도하는 데에는 어느 정도는 효과가 있을 것이다. 다만, 그렇다고 해서 중국의 퇴역군인이 상급 행정기관에 진정서를 제출하는 건수가 많이 감소할 지는 의문이다. 전통적으로 중국사람들은 상급기관을 찾아가서 의견을 반영시키는 방법을 선호하고 있고, 이 이외의 다른 해결의 통로는 잘 모르고 있기 때문이다. 그리고 배경이 좋은 퇴역군인이라면 당연히 '꽌시'를 이용한 해결을 선호할 것이다. 게다가 행정심판이나 행정소송의 안건이 수리되었다고 하더라도, 법관이나 심판인이 정부의 간섭에서 과연 자유로울 수 있을까? 또한 사건 자체의 민감성과 정치적 리스크를 안은 채 과연 중립을 지켜낼 수 있을지는 여전히 의문이다.

3) 중국정부의 강한 개선의지

그리고 이 법률에는 다음과 같은 규정이 있다. 즉, "정책실시가 제대로 이루어지지 않거나 업무추진력이 없는 지역과 부문은 성급 이상 인민정부 퇴역군인공작 주관부문이 관련 부문과 함께, 그 지역 인민정부의 주요한 책임자 또는 그 부문의 주요한 책임자에 대하여 상담예약을 할 것이다"(제72조. 밑줄은 필자). 우리말에 해당하는 정확한 단어는 없지만 대체로 상담예약 또는 회

담약정의 뜻을 가진 중국어의 約談은, 행정직권을 가진 기관이 볼 때 문제가 있다고 판단되는 하급 조직이나 개인을 관청으로 불러들여 조직의 운영이나 개인의 언행에서 나타난 문제를 지적하여 교정하는 준(準) 행정행위인데, 이는 매우 강한 중국적인 특색을 띠고 있는 제도이다. 상담예약을 통지받은 업무 책임자는 상당한 심리적인 압력과 공포심을 느끼게 된다. 왜냐하면, 상담예약은 이미 처벌을 예정하고 있기 때문이다. 다른 조문에서는 ~한다 ~할 수 있다 ~하여야 한다 등의 형식으로 규정하고 있는 반면, 본 조항에서는 ~할 것이다는 표현을 사용하고 있다. 전체적으로 볼 때, 〈중국 퇴역군인보장법〉에서 ~할 것이다는 표현으로 규정된 조문은 두개에 불과하다. 금융관리의 문제로 중국의 관련 당국으로부터 상담예약을 통지받았던 중국 알리바바(Alibaba)의 회장 마윈의 사례를 보면, 이 조치로 인해 발생하는 후속적인 결과가 얼마나 엄중한지를 알 수 있을 것이다. 상담예약은 매우 온화한 표현으로 보일 수도 있지만, 그 실상은 중국적인 특색을 가진 매우 위력적인 단어인 것이다. 게다가 ~할 것이다라는 표현은 이 조치의 위력을 가중시키고 있다. 역으로 말하자면, 이에는 퇴역군인 안치업무의 관리와 감독에 대한 중국정부의 강한 의지가 반영되어 있다고 해석할 수 있을 것이다.

4) 법체계의 정비

중국의 퇴역군인 안치업무관리에 관한 법률은 총체적으로 볼 때 그다지 온전하지 못하다는 지적을 받아 왔다. 즉, 퇴역군인 관리의 범위, 관리의 형식, 관리의 수단, 관리체제에 관한 규정들은 많은 단행법률 또는 지방정부의 조례에 산재해 있어서, 중국정부가 전국의 퇴역군인 관련 업무를 통일적으로 관리하기는 현실적으로 쉽지 않다는 지적을 받아온 것이다.

최근 중국에서는 퇴역군인에 관한 법률의 재정비에 힘을 쏟고 있다. 2021년 8월 20일에 개최된 전국인민대표대회 상무위원회 제30차 회의에서는 〈중국병역법〉이 통과되어, 2021년 10월 1일부터 시행되고 있다. 〈중국병역법〉 제9장에는 퇴역의무병의 안치, 퇴역군사의 안치, 퇴역군관의 안치 및 퇴역상이군인의 안치에 관하여 4개의 조항이 마련되어 있다.

그동안 중국 퇴역군인의 안치문제에 관하여는 주로 2011년에 중국 국무원과 중국 군사위원회가 제정한 〈중국 퇴역사병 안치조례〉의 규정에 근거하여 처리하여 왔다. 그런데 〈중국 퇴역사병 안치조례〉는 퇴역사병 즉, 퇴역의무병과 퇴역사관의 안치문제를 위주로 규정하고 있어서 퇴역사병에 속하지 않는 다른 계급의 퇴역군인의 안치 기준은 정확하게 제공하지 못하였다. 이러한 문제의식에 기초하여 2021년 12월 17일, 중국 퇴역군인 사무부는 〈중국 퇴역군인보장법〉의 관련 규정에 근거하여 〈중국 퇴역군인 안치조례〉의 초안을 작성하였다. 그리고 2021년 12월 17일부터 2022년 1월 17일까지의 한달 동안을 전국 각계각층의 인사들로부터 의견을 수렴하는 기간으로 정하였다. 의견의 수렴기간은 이미 지났으므로 문구와 내용의 수정 및 보완작업을 마치면 금년(2022) 안으로 〈중국 퇴역군인 안치조례〉가 공포될 것으로 예상된다. 곧 공포될 〈중국 퇴역군인 안치조례〉는 〈중국 퇴역사병 안치조례〉가 포괄하지 못했던 계급의 퇴역군인의 안치 문제까지 종합적으로 다루고 있어서 중국의 보훈제도의 전방위적인 실시와 발전에 크게 도움이 될 것으로 보인다. 한편, 2011년부터 시행되어 온 〈중국 퇴역사병 안치조례〉는 〈중국 퇴역군인 안치조례〉의 시행과 동시에 폐지될 예정으로 있다.

5) 중국 보훈제도의 기본법

중국에서는 그동안 퇴역군인의 권익에 관한 기본법으로서 〈퇴역군인보장법〉을 제정하여야 한다는 주장이 많이 제기되어 왔다. 그러던 차에 2021년 1월부터 시행된 〈중국 퇴역군인보장법〉은 퇴역군인의 권익보장을 위한 새로운 이정표가 되었다고 평가할 수 있다. 더욱 구체적인 내용들은 퇴역군인에 관한 단행법률 또는 조례에 관련 규정을 두면 될 것인데, 이러한 문제는 〈중국 퇴역군인보장법〉의 하위법률로서 곧 시행될 〈중국 퇴역군인 안치조례〉를 시작점으로 하여 많이 개선될 것으로 보인다. 앞으로 〈중국 퇴역군인보장법〉이 중국 보훈제도에 관한 기본법으로서 중국의 보훈제도의 기본적인 방향을 제시하고 개선하는데 큰 역할을 하리라 기대해 본다.

나오는 말

지금까지 중국 보훈제도(퇴역군인 안치제도)의 기본적인 내용 개설과 이론적 기초, 중국 보훈제도 발전의 역사적 고찰, 국무원 퇴역군인사무부, 중국 보훈제도의 문제점과 개선책 및 〈중국 퇴역군인보장법〉의 주요내용 등을 통하여, 중국 보훈제도 전반을 총체적으로 살펴보았다. 우리나라에는 중국의 보훈제도에 대한 정보가 거의 없기 때문에 가능한 한 체계적으로 자세히 설명하려고 노력하였다. 중국의 보훈제도의 문제들에 대해서는 정책적인 면과 군인이 퇴역한 후의 생활복지보장의 면에서 상세히 설명을 하였다. 설명한 내용 중에는 이미 입법을 통하여 해결된 것들도 많이 있고 또 지금 현재 해결하려고 시도하고 있는 것들도 있다. 이하에서는 지금까지 다룬 내용들과 현재 중국에서 전개되는 상황을 지켜보면서 떠오르는 생각들을 바탕으로 중국의 보훈제도에 내재한 문제점과 개선점을 보훈관련 예산과 복지개선 및 법치의 시각에서 보충하면서 글을 마무리하고자 한다.

'공동부유론'

아무리 훌륭한 보훈제도가 있어도 이를 재정적으로 뒷받침하는 예산이 부족하다면 제대로 실시하기가 어려울 것이다. 앞에서도 여러 번 설명한 바와 같이, 중국의 보훈제도는 예전과 같이 계획경제에 부응하던 방식을 지양하고, 시장경제에 부응하는 방식으로 전환되어야 한다. 그런데 현재 중국은 과거의 극좌노선으로 돌아가 공사합영(公私合營), 국진민퇴(國進民退) 및 3차분배를 통하여 공동부유(共同富裕)를 실현하려고 하는 움직임이 보이는데, 시장경제의 자율성을 무너뜨리는 방향으로 가고 있다는 것이 문제점으로 지적되고 있다. 중국의 지식인들은 지금 중국에서 진행되고 있는 공동부유 정책은 공동빈곤을 초래할 것이라고 지적하고 있다.

공사합영이란, 쉽게 설명하자면 정부가 각종 사업조직과 사기업에 당의 간부들을 파견하여 관리하는 방식으로 경영에 개입하여 주주의 지위를 차지함으로써 공과 사가 함께 기업을 경영하도록 하겠다는 것이다. 그러나 그 본질은 공으로 하여금 차츰차츰 사를 삼켜버리도록 함으로써 마침내는 국유화를 실현하겠다는 것에 다름아니다.

국진민퇴란 국유경제가 산업의 영역이나 시장에서의 시장점

유율을 확대하여, 민영기업의 시장점유율을 축소시키거나 아예 시장에서 퇴출시키겠다는 것을 말한다. 즉, 정부가 경제에 간섭하거나 컨트롤하는 정도를 강화하겠다는 것이다. 그 결과, 국가를 대표하는 정부는 앞으로 전진하고 국민의 민생은 퇴보하게 된다.

3차분배는 주로 정부가 고수입자로 하여금 자발적으로 자산의 기부와 같은 공익을 위한 자선의 방식으로 사회에 내놓도록 하여 부를 재분배하는 것이다. 이로써 사회에 존재하는 경제적 낙차를 줄이고 수입의 분배를 더욱 합리적으로 실현하겠다는 것이다. 중국 관방의 언어는 기업가와 같이 경제력이 있는 사인이 자원하여 자선하도록 하는 것인데, 그 본질은 형태를 바꾼 강제에 다름아니다. 중국정부의 이러한 간접강제에 겁을 먹은 중국의 기업들은 자산을 기부하거나 기부를 약속하면서 부의 재분배에 동참하겠다고 선포하였다. 알리바바 그룹은 3차분배를 위하여 1000억 위안을 기부하기로 하였고, 텅쉰그룹은 500억 위안을, 그리고 대다수의 기업들이 100억 위안씩 기부하였거나 기부하기로 약정하였다. 그러나 이는 정부에 기업을 빼앗기지 않기 위한 보호비 조로 상납을 한 것에 다름아니다. 그런데 이렇게 모집된 자금이 가난한 사람들의 복지를 위하여 재분배될 지는 아무도 알 수 없다.

그렇다면, 중국정부는 왜 이러한 조치를 시행하고 있는 것일까? 공사합영, 국진민퇴, 3차분배와 같은 수단으로 이루려고 하는 공동부유론이 중국의 현대사에 다시 출현한 것을 보면, 중국이 모택동 시기의 극좌노선으로 회귀하고 있는 것이 아니냐 등의 설명이 가능하겠지만, 가장 근본적인 이유는 중국의 국고에 돈이 바닥나고 있기 때문이다. 최근 10여 년 동안 중국에서는 '국가는 돈이 많은데, 백성은 돈이 없다'는 자조적인 표현이 대유행하였다. 특히, 국가에 돈이 많으면 가난한 국민들의 생활제고를 위해서 쓸 것이지, 왜 일대일로 사업을 한답시고 돈을 다 해외에 뿌리고 있냐는 비판이 많이 제기되어 왔다. 설상가상으로 미-중 무역분쟁에 따른 경제적 손실, 각국 기업들의 탈중국 러시, 과도한 Covid-19 방역조치로 인한 국가예산의 과다지출 및 국내산업의 부진, 그리고 전국 각지에서 발생한 자연재해 등으로 중국의 국가재정은 심각한 타격을 입게 되었다. 그리하여 우선은 기업들뿐만 아니라 스캔들이나 탈세문제 등으로 발목이 잡힌 유명 연예인들로부터도 수금하여 국고를 채우려고 하는 것이 아니냐는 지적을 받고 있는 것이다. 이러한 국가재정의 악화는 퇴역군인 안치제도의 안정적인 실시에도 영향을 줄 수 있다는 것이 문제이다.

중국의 퇴역군인 안치제도는 많은 국가기관과 사업조직의 도움을 받으면서 시행되고 있지만, 퇴역비를 비롯하여 각종 복지 혜택을 제공하여야 하기 때문에 방대한 국가예산이 필요하다. 앞에서도 설명한 바와 같이, 중국군인의 퇴역비는 현역 복역 시에 받는 월급수준과 서로 연결되어 있다. 전업비, 복원비, 퇴직금 등 모두 현역군인의 월급을 기준으로 설계된 것이다. 지난 수년 동안 진행되어 온 군인의 월급제도의 개혁에 따라 월급대우의 수준도 대폭 상향 조정되었고, 그에 따라 퇴역비의 수준도 상향 조정되었다. 그런데 국가재정이 고갈된 상황에서 혹시라도 방대한 국가예산의 지출을 필요로 하는 큰 사태가 발생하여 국방비 예산에도 부정적인 영향을 미치게 된다면, 군인의 전체 수입에서 기본 월급은 고정되거나 삭감될 수 있고, 퇴역비도 줄어들 우려가 있다.

퇴역군인 안치보장기금

중국의 국고가 바닥나고 있는 상황에서 고소득자들로부터 걷어들인 막대한 자금이 과연 부의 재분배와 더 나아가 보훈제도의 개선을 위하여 사용될 것인지는 미지수이다. 정부의 요구에 따라 기업들은 여러 기금재단과 정부조직에 돈을 기부하고 있는데, 국가재정의 부족이 엄연한 현실이라면 오직 중국의 보훈제도의 개선을 위해 쓰일 용도로 퇴역군인 안치보장기금을 별도로 만들어내어 기업이나 연예인뿐만 아니라 뜻이 있는 국민들도 여기에 기부하도록 유도하면 어떨까 생각한다. 그리고 여기에 모인 자금은 오로지 퇴역군인 안치보장업무를 위해 모두 사용될 수 있도록 관리감독의 메커니즘을 확립하여, 자금이 중간에서 새어 나가는 부패의 문제를 막아야 할 것이다.

퇴역군인 창업기금

퇴역군인 안치보장기금을 통하여 모금된 재원 중의 일부는 다시 퇴역군인 창업기금의 용도로 사용되면 좋을 것으로 생각된다. 중국의 군인이 현역을 퇴역하면 지방정부가 해 주는 일자리 안배나 전업안치를 통해 사회에 복귀하므로 생활에 필요한 수입원이 생기게 된다. 이것이 가장 보편적이고 이상적인 안치 방식이라고 인식되어 있다. 그러나 지금까지의 지령안치의 방식은 사회전체의 흡수력을 이용하여 취업우대와 창업우대의 방식으로 조금씩 바꾸어 가는 것이 더욱 바람직할 수도 있다.

현역 군인이 제대한 후 일자리 안배나 전업안치의 혜택을 받지 않고 창업하는 경우, 곧바로 창업하는 퇴역군인도 있고 퇴역 후 직장에 다니다가 창업을 하는 군인도 있다. 퇴역군인은 창업을 위하여 은행융자를 받을 때 우대를 받을 수 있지만, 이와는 별도로 퇴역군인을 위한 창업기금을 설립하여 낮은 이자 또는 무이자 방식으로 자금을 융자해 준다면, 창업하는 데 큰 도움이 될 것이고 가족들의 생활 문제도 더욱 빨리 해결될 것이다. 이와 같이 하면, 국가와 사회는 퇴역군인들에게 일자리를 만들어주어야 하는 스트레스에서 어느 정도 벗어날 수 있고, 사회경제의 번영과 발전에도 도움이 될 것이다. 사람의 안정은 사회의 안정과 직결된다. 퇴역군인이 창업한 사업에 희망이 보이고 생활의 문제가 해결된다면, 이는 파급효과를 일으켜 사회도 더욱 안정될 것이다. 앞으로는 지금까지 주로 지령안배 방식으로 취업안치를 해 온 것을 점점 취업우대와 창업우대의 방식으로 전환해 가면 어떨까 생각한다.

앞에서 3차분배와 공동부유 등의 문제를 다루면서, 이러한 정책을 실행하는 가장 큰 이유 중의 하나는 중국의 국고가 많이 비어 있기 때문이라고 설명하였다. 요컨대, 국고에 예산이 부족한 것이 엄연한 현실이라면, 이미 3차분배와 공동부유 정책으로 걷어들인 재원의 일부를 퇴역군인 안치보장기금 및 퇴역군인 창업기금의 창설과 기금의 축적을 위해 사용하면 좋을 것이다.

퇴역군인 가족의 권익보장

앞에서는 퇴역군인 본인의 대우와 복지의 문제를 설명했는데, 이와 더불어 퇴역군인의 가족의 권익을 보장하는 제도도 마련하면 좋을 것이다. 중국에서는 퇴역군인이 현역에 복역하던 기간 동안 그와 함께 생활해 온 가족을 퇴역군인의 종군가족이라고 부르는데, 종군수속을 받은 배우자와 자녀가 이에 해당한다. 군인이 퇴역한 후 종군가족의 권익은 퇴역군인의 취업안치 여하에 따라 결정된다. 국가적인 차원에서 퇴역군인 가족의 권익보장의 문제만을 전면적으로 다루는 법률은 아직 없다. 퇴역군인 종군가족의 대우의 문제에 대한 처리방식은 각 지방정부의 정책과 재정에 따라 편차가 비교적 크기 때문에, 관련 제도와 규정을 개선할 필요가 있다. 현행 〈중국국방법〉, 〈중국병역법〉, 〈중국현역군관법〉 및 〈군인무휼 우대조례〉, 〈군대 전업간부안치 임시판법〉 등에 있는 군인 종군가족의 취업, 주거, 자녀 의무교육 등에 관한 규정을 토대로, 관련 조항의 내용을 더욱 현실화해야 한다. 퇴역군인의 가족이 교육훈련, 취업과 창업 및 주거, 의료 등의 분야에서 받을 수 있는 대우의 내용을 명확히 규정하여, 퇴역군인 가족의 권익을 보장하는 제도를 계속 새롭게 발전시켜야 할 것이다.

다행히도 2022년 중에 시행될 예정으로 있는 〈중국 퇴역군인 안치조례〉(초안)는 가족안치라는 독립된 장을 마련하여 퇴역군인의 가족구성원의 권익의 보장과 대우의 기본적인 방향을 비교적 구체적으로 제시하고 있다. 또한 퇴역군인의 안치지역에 관한 독립된 장도 마련하여 가족구성원의 입장과 권익을 염두에 둔 합리적인 규정들을 많이 두고 있다. 즉, 〈중국 퇴역사병 안치조례〉에 규정되어 있는 호적지 안치 원칙의 예외를 더욱 확대하여 예외적으로만 가능한 타지안치의 조건과 범위를 확대하였다. 이는 퇴역군인과 그 배우자 및 기타 가족구성원들이 더욱 원만한 가정생활을 할 수 있도록 배려하고 있음을 말해준다.

퇴역군인 가정지원 서비스

자주적으로 취업한 퇴역군인을 위한 서비스 관리와 대우보장 업무는 국무원 퇴역군인사무부의 주된 직무 중의 하나이다. 그리고 〈중국 퇴역군인보장법〉은 현급 이상 인민정부가 퇴역군인 서비스센터를 설립하고 그보다 하위 단위인 향진, 가도, 농촌 및 도시의 커뮤니티에도 퇴역군인 서비스 지점을 설치하여 퇴역군인을 위한 서비스를 보장하도록 규정하고 있다. 이러한 취지를 적극적으로 살려서 앞으로는 철저한 서비스 정신에 입각하여 퇴역군인에게 더 나은 서비스를 제공하면 좋을 것이다. 〈중국 퇴역군인보장법〉에서 설치 및 실시를 보장하고 있는 퇴역군인 서비스센터와 퇴역군인 서비스 지점에서는 퇴역군인 가정지원 서비스까지 제공하도록 하면 좋을 것이다. 우선, 퇴역군인들로부터 가장 큰 문제가 무엇인지를 들어보고, 이들이 가장 집중적으로 제기하고 있는 가정의 문제가 해결될 수 있도록 해야 한다. 퇴역군인 가정지원 서비스를 통하여 봉사할 수 있는 업무로는 다음과 같은 것들이 있다.

첫째, 만 60세 이상의 홀로 사는 부와 모에게 생활지원을 하는 것이다. 이에는 정기적인 방문, 절기위문, 진료협조 및 기타 응급지원 서비스가 포함된다. 이렇게 하면 돌보는 가족 없이 생활하는 퇴역군인의 부모가 돌발적인 상황에 처했을 때 제대로 대응할 수 있을 것이다.

둘째, 안치지역 인민정부의 교육행정부문이 지금까지 해 온 것처럼 퇴역군인 자녀의 입학 및 전학의 문제가 순조롭게 해결될 수 있도록 도와주되, 앞으로는 더욱 철저한 서비스정신에 입각하여 한층 적극적으로 도와주어야 할 것이다. 그리고 퇴역군인 서비스센터에서는 퇴역군인 가족의 취업상담까지 해 줄 수 있다면 좋을 것이다.

셋째, 자연재해를 당했거나 직계가족이 질병으로 고생하는 등의 특수한 어려움에 처해 있는 퇴역군인의 가정에 제때에 물질적인 원조를 해줄 수 있도록 해야 한다.

넷째, 분쟁의 해결을 위한 플랫폼을 만들어 퇴역군인 가정의 정당한 권익이 침해를 받았을 때 법률상담 서비스를 제공하여, 분쟁이 합리적으로 해결될 수 있도록 해야 한다. 〈중국 퇴역군인보장법〉은 퇴역군인의 합법적인 권익이 침해를 받은 경우에 공공법률 서비스 관련기구로 하여금 법에 따라 법률서비스 등의 도움을 제공하도록 규정하고 있다. 그러나 중국의 퇴역군인들은 국가의 보훈조치에 불만이 있는 경우 대체로 상부기관에 진정서를 내어 해결하려고 하는 경우가 많다. 분쟁의 법적인 해결통로를 잘 모르는 퇴역군인들을 위하여, 퇴역군인 서비스센터에서 일차적인 법률상담 서비스 정도는 제공하면 어떨까 생각한다.

법치주의에 따른 보훈

중국의 보훈제도는 정책적인 성격이 강하여 언제든지 바뀔 우려가 있다. 중국의 정책은 왕왕 인치와 결합되어 국내정치 상황의 변화나 지도자의 변심에 따라 바뀌어 버리거나 실시가 보류되는 경우가 있기 때문이다. 그러므로 중국의 보훈제도는 인치의 방식에서 법치의 방식으로 변화되어야 할 것이다. 이를 위해서는 우선 관련 법규를 더욱 정비해야 한다. 퇴역군인을 위한 경제보상에 대한 정책이 있더라도 그것이 법률의 차원으로 승격되지 않으면 제대로 보장받을 수 없게 되고, 그 결과 정책의 권위는 땅에 떨어져 버린다. 이와 같이 퇴역군인 안치보장정책의 기획과 집행은 법을 떠나서는 논할 수 없는 것이다. 퇴역군인 안치보장에 관한 법률제도가 확립된다면, 보장업무에 내재해 있는 정치적 수의성과 불확실성을 피할 수 있다.

시범지역의 운영

중국은 13억 이상의 국민이 생활을 영위하고 있는 매우 거대한 나라이다. 이처럼 거대한 나라에서 관련 법률에 따라 보훈정책을 전국적으로 동시에 실시하였는데 나중에 이러한 정책에 결함이 발견되었다면, 이로 인한 피해는 전국에 미치게 된다. 이는 엄청난 국가재정과 지방재정의 손실로 이어지고, 퇴역군인의 권익도 제대로 보장받지 못하는 결과를 가져오게 된다. 그러므로, 새로운 보훈정책을 시행함에 있어서는 우선 소수의 현급 지방을 시범지역으로 정하여, 그곳에서 실패하면 확대실시를 자제하고, 성공하면 전국으로 범위를 넓혀 실시하는 방식을 채택하면 좋을 것으로 사료된다. 즉, '선 지역시범, 후 확대'의 방식으로 제도의 실현가능성을 타진하고 보충해가면서 보훈정책의 실시범위를 점점 확대해 나아가는 것이다.

장기간에 걸쳐 대외개방을 하지 않았던 중국정부는 문화대혁명이 일단락되자 과감하게 개혁개방 정책을 단행하여, 1979년에는 광동성과 복건성 지역에서의 대외경제활동을 허가하였다. 이와 동시에, 심천, 주해, 하문, 산두를 경제특구로 지정하여 대외개방정책을 시험적으로 실시하였다. 그 결과는 대성공이었다. 그 후 이들 소수의 경제특구에서 누적된 경험을 바탕으로 1988년에는 해남성 경제특구를 설치하였고, 더 나아가 개방지역의 범위를 대폭 확대하기에 이르렀다. 퇴역군인 안치제도의 경우에도, 우선 개혁을 위한 시범지역을 선택하여, 그곳에서의 경험과 문제점을 종합하고 부단히 개선하면서, 이를 점점 전국적인 범위로 복사·확대해 간다면 전국적인 레벨에서 더욱 안정적인 퇴역군인의 생활보장체계를 수립하는 데 도움이 될 것으로 생각된다.

글을 마치며

본서에서는 중국 보훈제도의 내용과 이론, 역사 및 문제점들을 종합적으로 다루었다. 중국의 보훈제도는 매우 복잡한 과정을 거치면서 점점 체계성을 갖추게 되었고 지금은 비교적 잘 운용되고 있음을 알 수 있다. 건국 초기에 발생한 일련의 정치적인 사건과 문화대혁명을 겪으면서 중국의 보훈제도의 역사는 매우 복잡하게 전개되었지만, 전반적으로 보면 더욱 나은 방향으로 발전해 왔다고 평가할 수 있을 것이다. 그러므로 우리 나라의 보훈제도의 더 나은 발전을 위하여 참고할 수 있는 정책과 제도도 많이 있을 것으로 생각된다.

필자는 중국의 퇴역군인 안치제도를 둘러싸고 제기되어 온 수많은 문제점을 가능한 한 망라적으로 소개하려고 노력하였다. 이러한 비판적인 서술방식은 우리나라의 보훈제도의 발전을 염두에 두고 한 것이므로, 중국의 보훈제도의 내용과 문제점들을 타산지석으로 삼아 우리나라의 보훈정책과 보훈제도의 미비점을 보완하는 데 조금이나마 도움이 되기를 바라 마지 않는다.

참고문헌

陈政平: “努力推进军人退役养老保险制度建设”,《军队政工理论研究》(Theoretical Studies on PLA Political Work), 第11卷 第2期, 2010年 4月.

范军: “近代中国退役军人安置的历史经验”,《转业军官》, 2012年 第2期.

范军: “军官退役形式与安置方式”,《转业军官》, 2012年 第6期.

范军: “军转安置的中国特色”,《转业军官》, 2012年 第3期.

范军: “军转安置空间的拓展”,《转业军官》, 2012年 第8期.

范军: “我国退役军人安置的发展趋势及结构优化”,《转业军官》, 2012年 第5期.

高飞, 刘守法: “透视我国军人退役安置思想”,《转业军官》, 2012年 第12期.

高鹏, 袁伦渠: “退役军人就业问题的政府政策影响研究”,《管理世界》, 2015年 第1期.

胡凯, 朱军, 王鲁泉: “军人退役经济待遇制度存在的问题及对策”,《军事经济研究》, 2009年 6月.

黄亭, 刘培友, 朱国亮, 宋军: “退役军人养老保险军地衔接机制研究”,《军事经济研究》, 2011年 5月.

邝少明等:《公职人员的职务保障与廉政建设》,《南京大学学报》(哲学, 人文科学, 社会科学), 2004年 第5期.

黎建飞主编:《 社会保障学》, 中国人民大学出版社, 2006年.

李瑰华, 王周户: “法治视野中的军人退役安置”(On the Resettlement of Retired Military Personnel according to the Rule of Law) ,《法学杂志》, 2010年 第12期.

李瑰华: “军人退役安置制度完善研究”(A Research about the Systematic Improvement for the Ex-Serviceman's Arrangement in China),《法学杂志》, 2014年 第6期.

李玉倩, 陈万明: “当前我国退役军人管理保障机构的设置研究”(A Research on the Establishment of the Veteran Administration and Guarantee Agency),《中国行政管理》(Chinese Public Administration), 2018年 第8期(总第398期).

林嘉: “完善军人保障制度 推进国防和军人现代化”(Optimizing Social Security System for Military Personnel and Advancing the Modernization of National Defense and the Armed Forces),《温州大学学报》(社会科学版), 第32卷 第6期 (Vol.32,No.6), 2019年 11月.

刘冬青: “完善军人退役经济补偿制度的设想”,《军事经济研究》, 2011年 12月.

刘纪达, 王健: “变迁与变化:中国退役军人安置保障政策主题和机构关系网络研究” (Change and Evolution: Research on the China's Retired Military Resettlement Policy and Institutional Relationship Network),《公共管理学报》(Journal of

Public Management) 第16卷 第4期, 2019年 10月.
罗平飞: "建国前中国共产党军人抚恤优待及退役安置政策研究",《中国党史研究》, 2005年 第6期.
罗平飞: "试论中国军人退役安置制度的历史演变",《中国军事科学》, 2005年 第5期.
罗平飞: "我国退役安置制度的性质及其特征",《转业军官》.
孙嘉悦: "构建新时代退役军人权益保障法规体系的几点思考",《国防》, 2019年 11期.
孙金帮, 詹铁军: "对军人退役费制度改革的思考",《军队政工理论研究》(Theoretical Studies on PLA Political Work), 第14卷 第4期, 2013年 8月.
唐明凯: "关于退役军人的社会保障制度完善的研究",《经济实践》.
王法安: "国际视野下的退役军官安置问题"(上/下),《国防》(National Defense), 2015年 1月, 2月.
王沙骋, 祝小茜, 张艺博: "退役军人权益保障:经验, 问题与对策"(Protection of Veterans' Rights and Interest: Experiences, Problems and Countermeasures),《中国软科学》, 2020年 第7期.
王思遥: "退役安置权益保护的法律路径",《转业军官》, 2013年 第5期.
魏娜, 泛梓腾, 孟庆国: "中国互联网信息服务治理机构网络关系演化与变迁——基于政策文献的量化考察", 公共管理学报, 2019年, 16(2).
邢成宾: "加强军人退役安置纠纷法律救济",《政工学刊》, 2010年 9月.
熊友存, 胡文贤, 唐俊, 张李军: "我军转业待遇制度的功能定位及标准的确定"(Function and Standard of the Treatment System of Army Man Transferred to Civilian Work),《军事经济研究》, 2005年 3月.
徐萌: "新中国60年军人权益法律保障的回顾",《南京政治学院学报》, 第25卷 第6期, 2009年.
许京峰, 张学礼: "建立军人退役养老保险制度思考",《军事经济研究》, 2012年 2月.
薛刚凌, 吴又幼: "退役军人管理体制改革研究"(A Research about Reform of Veterans' Management System),《法学杂志》, 2012年 第7期.
岳宗福, 李赛赛: "新时代退役军人医疗保险接续:机制重构与政策完善",《天津行政学院学报》(Journal of Tianjin Administration Institute), 第22卷 第4期, 2020年 7月.
岳宗福: "中国退役军人管理保障体制变革的理路与前瞻"(Reform Logic and Prospect of Chinese Veterans Management and Guarantee Institutions),《财经管理改革》, 2020年 3月.
张李军, 杨洁: "军人退役待遇制度现状分析与改革思路",《军事经济研究》, 2007年 5月.
张伟佳: "新中国军人退役安置制度之历史演变",《军事历史研究》, 2009年 第2期.

보훈교육연구원 보훈문화총서15

중국의 보훈제도

등록 1994.7.1 제1-1071
1쇄 발행 2022년 10월 5일

기　획 보훈교육연구원
지은이 김영완
펴낸이 박길수
편집장 소경희
편　집 조영준
관　리 위현정
디자인 이주향
펴낸곳 도서출판 모시는사람들
03147 서울시 종로구 삼일대로 457(경운동 수운회관) 1207호
전화 02-735-7173, 02-737-7173 / 팩스 02-730-7173
홈페이지 http://www.mosinsaram.com/

인쇄 (주)성광인쇄(031-942-4814)
배본 문화유통북스(031-937-6100)

값은 뒤표지에 있습니다.
ISBN 979-11-6629-136-4 04300
세트 979-11-6629-011-4 04300

* 이 책의 내용은 필자의 개인적인 의견이고, 보훈교육연구원의 공식적인
입장과는 관련이 없습니다.